Consciente y Subconsciente: La Experiencia Humana

Janey Marvin

Consciente y Subconsciente: La Experiencia Humana

Derechos de Autor © 2016 por Janey Marvin.

Tapa Blanda ISBN: 978-1-63812-210-4
Tapa Dura ISBN: 978-1-63812-212-8
Libro Electrónico ISBN: 978-1-63812-211-1

Todos los derechos reservados. Está prohibida la producción y distribución de cualquier parte de este libro en cualquier forma o por cualquier medio, electrónico o mecánico, incluyendo fotocopias, grabaciones o cualquier sistema de almacenamiento y búsqueda de información, sin el permiso por escrito del propietario de los derechos de autor.

Las opiniones expresadas en esta obra son exclusivamente las del autor y no reflejan necesariamente la opinión del editor, que por tanto declina toda responsabilidad al respecto.

Publicado por Pen Culture Solutions 03/03/2022

Pen Culture Solutions
1-888-727-7204 (USA)
1-800-950-458 (Australia)
support@penculturesolutions.com

Contenido

Capítulo 1	Consciente & Subconsciente	1
Capítulo 2	Superando A Los Elefantes De La Vida	49
Capítulo 3	Creencias Limitantes Y Su Superación	67
Capítulo 4	El Ser Conduce Al Tener	87
Capítulo 5	Sólo Altera La Conciencia	94
Capítulo 6	Inteligencia Y Creencia	103
Capítulo 7	Campo De La Conciencia	126
Capítulo 8	Estructura De La Conciencia	138
Capítulo 9	Un Equipo Con Posibilidades Ilimitadas	148

Capítulo 1

CONSCIENTE & SUBCONSCIENTE

APRENDE LAS FUNCIONES DEL CONSCIENTE Y DEL SUBCONCIENTE LA FORMA EN QUE CREAN SU IDENTIDAD:

La igualdad del carácter esencial o genérico en diferentes instancias, todo lo que constituye la realidad objetiva de una cosa: la Unicidad. Esto distingue el carácter y la personalidad de un individuo. El elemento de nuestra Identidad es el múltiplo que deja inalterado cualquier elemento del conjunto al que pertenece cuando se combina con él mediante una experiencia determinada. La identidad es la cantidad cuyo efecto es dejar inalterado el múltiplo, igualando una cosa a otra, independientemente de lo que ésta sea. Es la creación de nuestras cualidades personales únicas. Su Identidad significa que, independientemente de las circunstancias o experiencias de su vida, piensa, siente y se comporta igual. El cambio no es un proceso subconsciente. Si cambias, debes elegir conscientemente cambiar, y debes trabajar para cambiar. Debe cambiar su pensamientos, sus sentimientos y sus comportamientos independientemente del cambio de sus circunstancias y experiencias.

Su identidad es un elemento de todo su ser y el subconsciente toma datos desde el sentido del sonido y la vista para crear esta identidad. Así que literalmente, lo que ha visto y lo que ha oído, además de su respuesta consciente a los datos sensoriales se convierte en su identidad en un programa/modelo subconsciente. Por lo tanto, la identidad también se basa en su pasado, ya que el pasado es el primer elemento del tiempo y éste se procesa y almacena en los datos de los sentidos del sonido y la vista.

Y REALIDAD:

Una cualidad o estado de ser real en cualquier evento, entidad o estado de ser; Una totalidad de cosas y eventos reales que no son ni derivados ni dependientes sino que existen necesariamente; La totalidad de nuestro estado de existir realmente en el mundo real, tal como lo percibimos. Nuestra realidad es también un programa/modelo subconsciente y como tal, crea nuestras experiencias de vida.

REALIDAD: La realidad es una totalidad. Es una cualidad o estado de ser real, la totalidad de las cosas y eventos reales. Cualquier totalidad consiste en 3 elementos separados y la siguiente es una lista de los elementos que crean la realidad:

1er. Elemento) Espacio; Un período medible durante el cual una acción, proceso o condición existe o continúa; Continuidad no espacial que se mide en términos de acontecimientos que se superan unos a otros, desde el pasado, pasando por el presente, hasta el futuro. En esencia, el tiempo no es más que un patrón de medida entre acontecimientos. Cuantos más acontecimientos se superen unos a otros, más corta será la medida entre los acontecimientos. El tiempo es lineal, y dependiendo de los eventos, el tiempo puede parecer dimensional.

2do. Elemento) Tiempo; Un periodo de tiempo o su duración, una extensión limitada en 1, 2 o 3 dimensiones, que consiste en la Distancia, el Área y el Volumen separados y disponibles; Una extensión tridimensional ilimitada en la que los objetos y los acontecimientos ocurren, y tienen posición y dirección relativas, incluso más allá de la atmósfera terrestre y del sistema solar.

3er. Elemento) Materia; Sustancia de la que se compone un objeto físico, sustancia material que ocupa espacio, tiene masa y está compuesta predominantemente por átomos formados por protones, neutrones y electrones que constituyen el universo observable, y que es intercambiable con la energía. La materia es a menudo una sustancia material de un tipo particular, o para un propósito particular. La materia es el sujeto indeterminado de la Realidad; el Elemento del universo que experimenta formación y alteración, un sustrato sin forma de todas las cosas que sólo existe en potencia, y sobre el que la forma actúa para producir Realidades.

LO QUE ES EL SUBCONSCIENTE:

La parte del cerebro que...

Procesa y almacena todos los datos.

Procesa los datos antes de que la conciencia tenga acceso a ellos.

Almacena y gobierna nuestras Emociones.

Gobierna nuestros deseos y comportamientos.

Gobierna la autoimagen y la autoconversación.

Gobierna todos los aprendizajes y funciones "automáticas".

Gobierna y almacena toda la memoria.

La parte subjetiva del cerebro.

El pensamiento no llega al consciente como una primera parte del proceso cerebral. Todo pensamiento que llega al consciente es procesado por el subconsciente, antes de que el consciente tenga acceso a él. Cualquier pensamiento que llegue al consciente debe haber sido previamente programado (aprobado) por el consciente, para que incluso venga del subconsciente. Si el consciente responde al pensamiento con un pensamiento contrario (más positivo) a tener o conocer el pensamiento de forma repetitiva, el subconsciente ya no enviará los pensamientos negativos al consciente. Lo que es respondido por la parte consciente del cerebro de manera de no interesarse o no preocuparse, eventualmente dejará de llegar al consciente. Esta es la razón por la que hay algunas cosas en la experiencia de nuestra vida que simplemente no notamos.

El proceso de almacenar y gobernar todas las diferentes partes del yo crea los programas y modelos de lo que experimentamos como pensamiento, sentimiento y comportamiento automáticos. Todo ello se compila a partir de los datos sensoriales de nuestro entorno, junto con nuestra propia respuesta consciente a los datos. El subconsciente no crea esto, sólo procesa y almacena todo, hasta que un día, hay suficientes datos almacenados que es un archivo de programa completo y ahora es funcional.

LO QUE ES LA CONCIENCIA:

La parte de nuestro cerebro que...

1) Percibe.

2) Evalúa.

3) Juzga.

4) Decide.

5) Percibe, evalúa, juzga y decide sobre todos los datos que provienen del subconsciente.

6) La parte objetiva del cerebro.

El Consciente Puede Anular los Programas del Subconsciente..

El hecho de que nuestro consciente sea la parte objetiva de nuestro cerebro hace que sea una parte muy importante de la creencia del subconsciente sobre los datos. Algunas personas pueden experimentar lo mismo, o una experiencia sensorial similar, y la respuesta consciente siendo diferente para diferentes personas, puede hacer programas completamente diferentes de los mismos datos. Por ejemplo, si la luz se apaga y un niño está en la oscuridad, y la respuesta consciente es de naturaleza negativa, frente a, una naturaleza positiva, y tal vez incluso la naturaleza de la diversión creativa, los programas pueden variar incluso a un punto de miedo y aprensión, frente a, la confianza y la maravilla.

El consciente no está programado en su capacidad de percibir, evaluar, juzgar y decidir. Sin embargo, los datos que llegan al consciente se programan en base a la respuesta del consciente. La forma en que el consciente puede percibir, evaluar, juzgar y decidir sobre los datos es siempre instantáneamente cambiable por el consciente. No siempre es fácil percibir una cosa igual o similar de manera diferente. Sin embargo, es muy posible que el consciente lo haga. Los programas subconscientes no pueden ser cambiados. Sin embargo, los nuevos programas pueden ser creados por la práctica consciente; percibiendo, evaluando, juzgando y decidiendo de manera diferente.

La capacidad de percibir en la parte consciente del cerebro es nuestra capacidad de alcanzar una conciencia y comprensión de lo que nuestros sentidos están procesando. Se trata de un proceso de observación en el que podemos discernir por nosotros mismos para reconocer y realizar nuestras experiencias.

Evaluar es la capacidad consciente de determinar el valor o el significado de nuestras experiencias sensoriales. Esta capacidad de evaluar es el proceso que utiliza la conciencia para determinar las características y los méritos de nuestras experiencias.

Juzgar es la capacidad consciente de formarse una opinión sobre la experiencia mediante una cuidadosa ponderación de las pruebas y la comprobación de las premisas que determinamos como significativas. El juicio se determina conscientemente después de la indagación y la deliberación, y tras comprobar las pruebas que el consciente ha percibido.

Decidir es la capacidad consciente de hacer una elección final y seleccionar un curso de acción, basándose en la conclusión de los datos y el proceso. Esto se convierte en una conclusión infinitiva y lleva el proceso consciente a un final definitivo. Esta es la habilidad de nuestra Elección y nuestra Agencia Libre. Esto viene por nuestra elección de vivir. Una vez que el proceso de Decisión está completo, cualquier consideración previa del asunto, cualquier causa de duda, debate o controversia vacilante, es muy difícil de lograr.

Todos estos "datos procesados" conscientes son enviados inmediatamente de vuelta al subconsciente, donde estos mismos datos son procesados exactamente de la misma manera que todos los demás datos son procesados en el subconsciente. Esta "retroalimentación" consciente al subconsciente sobre los datos es el factor de control de la forma en que los datos van a ser definidos, programados y modelados para el resto de nuestras vidas.

No es de extrañar que el cambio sea tan difícil. No es de extrañar que los seres humanos debatan y ni siquiera consideren la opinión de otro después de haber sido programados. Esta es una función del subconsciente, tomar los datos y procesarlos y crear nuestra Identidad, nuestra Realidad, y cada aspecto de nuestro ser a partir de estos datos. El consciente define y hace la determinación final concluyente sobre los datos, y después, somos así toda nuestra vida.

Sin embargo, recuerda que el consciente puede, y lo hace, anular al subconsciente sobre los datos. Y si entendemos el funcionamiento del cerebro, ¿no podríamos aprender a trabajarlo nosotros mismos? Por supuesto que podemos. Los vendedores lo hacen todo el tiempo. Algunas personas lo hacen de forma natural, otras están entrenadas para ello y otras pueden hacerse cargo de nuestros cerebros. Sin embargo, también podemos aprender a dirigir y hacernos cargo de nuestra propia mente.

CÓMO PROCESA LOS DATOS EL SUBCONSCIENTE

1º) Verdad Absoluta y Efecto Inverso (verdades opuestas).
2º) Meta programas mayores y menores (compresión de datos).
3ª) Leyes Físicas de 1) Correspondencia, 2) Similitud, 3) Unidad.
4ª) Órdenes de activación sensorial.

Al ser la parte subjetiva del cerebro, cada micro dato del entorno es aceptado como verdad absoluta por el subconsciente, por lo que hay una parte del procesamiento que crea un opuesto para cada dato que llega. El subconsciente no está percibiendo, ni decidiendo nada. Simplemente está procesando y almacenando todos los datos. El efecto inverso asegura que los datos que el consciente procesa no están limitados, sino que están abiertos a cualquier decisión que el consciente decida sobre ellos. Este proceso nos da la posibilidad de elegir. Garantiza que cualquier dato y programa en el subconsciente tiene un archivo opuesto completo esperando ser accedido por el subconsciente para el consciente. Si, y cuando, el consciente "cambia su opinión" para pensar, percibir y decidir de manera diferente. Este proceso de efecto inverso nos da la capacidad de conocer realmente la solución siempre que seamos conscientes del problema. Ser capaces de tener la respuesta cuando somos conscientes de la pregunta. Ser capaces de percibir, evaluar, juzgar y decidir desde perspectivas opuestas siempre que la conciencia decida acceder a estos archivos del modelo de programa. Cada micro dato en el subconsciente tiene una cantidad igual de datos opuestos procesados, de la misma manera que los datos reales fueron procesados, archivados y programados en el mismo grado. La escritura, "Tiene que haber necesariamente oposición en todas las cosas" es un proceso real utilizado por nuestros cerebros para reunir y almacenar toda la información jamás recibida por el cerebro humano.

Hay muchos "meta-programas" que el subconsciente utiliza para comprimir todos los datos, para poder meterlos en archivos. Aunque se utiliza una pequeña porción del cerebro a lo largo de la vida, Albert Einstein utilizó el 10% de su masa cerebral. Se necesitan compilaciones masivas de datos, memoria y respuesta consciente para que los datos de un archivo se conviertan en un modelo de programa de nuestras respuestas automáticas. Los meta-programas son "mayores y menores" para la compresión de datos para el almacenamiento en los archivos de programa. El consciente todavía puede acceder a los datos, aunque los meta-programas subconscientes cambiarán los datos para su almacenamiento. Me refiero a estos específicamente a lo largo de este libro porque estos meta-programas afectan nuestras experiencias conscientes temporalmente.

La Física de la Correspondencia es el factor determinante para la forma en que los meta-programas deciden los diferentes archivos para colocar los datos junto con una respuesta consciente. Esto se basa en datos similares y en una respuesta consciente similar. El subconsciente incluso cambiará algunos de los datos para que sean similares sensorialmente para archivarlos. Los archivos tienen que estar abiertos a simples similitudes para aceptar sus datos. La correspondencia es vital para el procesamiento de datos, el almacenamiento y para que los programas y modelos funcionen juntos correctamente.

La correspondencia es el proceso por el cual todas las cosas se comunican entre sí. También se refiere al proceso por el cual todas las cosas se ponen de acuerdo entre sí. Para que cualquier cosa interactúe o se relacione entre sí (ya sea un miembro de un conjunto organizado ya asociado a otros miembros o no asociado) todo debe poder corresponder con otras cosas o no hay interacción entre las cosas. Incluso las células de nuestro cuerpo se corresponden con otras células del cuerpo. La correspondencia implica compartir características entre sí, a veces entre cosas distintas. Los meta-programas trabajan para cambiar los datos sensoriales y hacerlos más similares, para que puedan ser colocados en un programa organizado con datos similares. A veces los datos que llegan no son similares a ninguno de los datos ya procesados y almacenados en un archivo de modelo de programa. Estos datos se denominan datos "desviados". Los datos que se desvían son muy diferentes de otros datos y los programas de compresión de datos similares no pueden cambiar estos datos lo suficiente como para conseguir que se relacionen con los otros datos. Los datos desviados requieren que tanto los metaprogramas mayores como los menores se pongan a trabajar en los archivos de programa existentes y comprueben si hay datos que puedan cambiarse un poco, sin dejar de ser lo suficientemente similares como para permanecer en el programa. Los datos desviados requieren que el Principio de Unidad de Correspondencia entre en acción y borre elementos de micro datos, o inserte elementos de micro datos, o incluso, reordene completamente los elementos de micro datos de los datos desviados, así como los datos que ya están en los archivos programados. Este principio de Unidad debe "Transformar" los datos para que los datos desviados sean más parecidos, para que también se correspondan con los otros datos. Este proceso tiene numerosos efectos en nuestras experiencias conscientes. Por ejemplo, a menudo los datos desviados, son datos de los que están hechos nuestros sueños hasta que los datos pueden corresponder con otros datos y ser almacenados. Los datos desviados flotan libremente por nuestra neurología hasta que se unifican para encajar de forma más similar con otros datos. Si una compilación de datos desviados se acumula, especialmente de un suceso traumático y no cambiará sin importar lo que hagan los programas de compresión de datos, el subconsciente tomará otros datos de otros archivos y los desviará, para crear un recuerdo pasado y crear recuerdos futuros de los datos desviados traumáticos.

Si los datos no son capaces de corresponder juntos en el archivo, éste puede funcionar mal, y el efecto consciente de esto puede ser pensar, sentir o comportarse de manera muy diferente y no saber por qué. Tal vez incluso sentir que ya no somos nosotros mismos. Si los diferentes archivos no pueden corresponder entre sí, entonces estamos funcionando con la mitad de lo que estamos acostumbrados o somos capaces de hacer.

La secuencia de activación de los datos sensoriales depende completamente del sentido que se active primero en el subconsciente. Dependiendo del primer sentido activado, hay un orden de activación secuencial específico que el sistema nervioso central activa a través de los otros archivos de programa de datos sensoriales. Debido a que los datos de cada sentido se utilizan para crear diferentes programas en el subconsciente, cada orden de activación sensorial diferente o su secuencia crea diferentes tipos de personalidades con diferentes fortalezas y debilidades naturales. Esto se detalla ampliamente en mis libros sobre la Teoría de la Transformación Humana Holográfica. Aunque, detallé algo en lo que respecta a la función subconsciente y las consecuencias conscientes.

QUÉ DATOS PROCESA EL SUBCONSCIENTE

La mayoría de los datos que procesa el subconsciente son datos sensoriales del entorno:

Memoria; 50%.

Símbolos; 50%.

La memoria se presenta en una variedad de aspectos y, de nuevo, la respuesta consciente se convierte en una parte real de la memoria. La memoria genética es una memoria de la que no hablamos tanto. Aunque es tan real en nuestro cerebro como la memoria de nuestras experiencias vitales personales. La memoria genética es sólo la memoria de los acontecimientos; no incluye la respuesta consciente al acontecimiento. La memoria genética es más difícil de reconocer porque es un modelo de programa sin la respuesta consciente programada en él. Por lo tanto, puede ser necesario percibirla varias veces para ser conscientes, antes de tomar nuestras propias decisiones y juicios sobre ella. Una buena cosa para hacer con la memoria genética es hablar con los miembros de la familia o investigar la ascendencia y poner sus propias percepciones conscientes, evaluaciones, juicios y decisiones sobre el evento. Ya conocemos parte de nuestra ascendencia. Algunos son buenos, y a veces, son de naturaleza negativa. Independientemente de lo positivo o negativo, decida por usted mismo la respuesta consciente a los acontecimientos ancestrales.

CÓMO EL SUBCONSCIENTE ALMACENA LOS DATOS

Los datos se almacenan en el Subconsciente después de ser procesados en Modelos y Programas a través de diferentes áreas de nuestro Cerebro y nuestra Neurología. Estos datos almacenados se convierten en respuestas programadas basadas en la respuesta consciente a los datos repetidos. Una vez que los datos se compilan con suficiente instrucción consciente, se convierten en los programas, que consideramos que somos nosotros mismos.

Los diferentes datos sensoriales se almacenan en diferentes áreas del cerebro y se crean diferentes programas basados en la diferente información sensorial. Los diferentes datos sensoriales se utilizan para crear diferentes tipos de programas y respuestas. Los datos del sonido y la vista se utilizan para crear nuestros procesos mentales, nuestra identidad y nuestra personalidad. Los datos del tacto y la energía se utilizan para crear nuestras respuestas emocionales, nuestras relaciones y nuestras acciones e intuiciones. Los datos del gusto y el olfato se utilizan para crear nuestros programas de respuesta conductual, nuestras creencias sobre el carácter y nuestras creencias sobre las estrategias. Hay muchos otros programas y aspectos creados sólo en base a nuestros datos sensoriales, y nuestras respuestas conscientes a los datos cuando se hacen conscientes.

Los datos sensoriales en sí mismos se almacenan y se accede a ellos basándose en la similitud de los datos, y en la similitud de la programación para la que se utilizan los datos. Estos datos se almacenan en diferentes áreas del cerebro para facilitar el acceso y son accesibles a través del sistema nervioso central en todo nuestro cerebro. También a través del resto de nuestro cuerpo. Justo detrás de cada ojo humano hay más de 360.000 terminaciones nerviosas que van al cerebro y a otras áreas de nuestro ser. Así que, aunque los datos se almacenan como programas y modelos de nuestro ser, se puede acceder a ellos a lo largo de nuestro organismo mediante el sistema nervioso central. Por lo tanto, tenemos puntos de presión y diferentes áreas donde el masaje de la zona puede traer diferentes pensamientos, sentimientos y comportamientos. Puede traer recuerdos y todos los aspectos de los programas compilados en el subconsciente que nos hacen humanos.

Los datos de los diferentes sentidos se almacenan y acceden a través de nuestra neurología en áreas separadas de nuestro cuerpo.

No sólo los datos y programas se almacenan en el cerebro, sino que hay diferentes vías neurológicas por las que los diferentes programas se disparan a lo largo de todo el cuerpo. También es importante que estas vías neurológicas permanezcan desbloqueadas para que los programas funcionen correctamente. Los bloqueos neurológicos pueden ocurrir debido al estrés y la tensión muscular, lesiones, cualquier cosa, desde un pensamiento mental, un problema emocional o físico, puede hacer que las vías neurológicas se bloqueen. Cuando estas vías están bloqueadas, es posible que no se pueda acceder a los programas sensoriales. Esto a su vez puede causar que nuestro consciente tenga estrés, esté confundido, ansioso, otros estados mentales o emociones difíciles de manejar y estrés físico.

Los datos emocionales se almacenan en función de la similitud de las sustancias químicas, no de los acontecimientos. El sistema límbico crea las diferentes sustancias químicas no sólo para nuestros órganos y otros sistemas corporales, sino también para nuestras emociones. Estas respuestas emocionales también se convierten en respuestas programadas y el sistema límbico libera una sustancia química cada vez que se accede a los estímulos sensoriales asociados a la emoción. El sistema nervioso central tiene sitios receptores a lo largo de sus neuro-vías que reciben estas sustancias químicas basándose en el código del sitio receptor para recibir dicha sustancia y el código químico que viene a lo largo de las neuro-vías. A lo largo de la vía del sistema nervioso central hay dendritas y sustancias químicas. Las respuestas emocionales se codifican en estas partes de las neuro-vías. Cualquier estímulo del sistema nervioso que pase por la dendrita puede desencadenar la respuesta emocional sin que haya estímulos sensoriales que desencadenen la respuesta.

Las emociones se basan en la química y, al igual que los metaprogramas almacenan los datos sensoriales basándose en la frecuencia similar de los mismos, la emoción se almacena en la similitud de la química.

Hay diferentes mapas que muestran las diferentes áreas del cerebro y los programas y la función en las áreas. Hay mapas del sistema nervioso central en todo el cuerpo humano y las áreas del cerebro y los mapas del sistema nervioso central se corresponden juntos para cada ser humano.

EL CONSCIENTE PUEDE ANULAR EL SUBCONSCIENTE

Debido al efecto inverso en la forma en que el subconsciente procesa los datos, el consciente tiene elección sobre todos los programas, modelos, creencias y datos en el subconsciente.

He hablado de la importancia de la respuesta consciente a cualquier cosa de la que seamos conscientes. He hablado de utilizar la capacidad objetiva del consciente para percibir el pensamiento consciente de forma diferente a como lo ha hecho en el pasado. Algunas de las cosas de las que podemos ser conscientes son el pensamiento, el sentimiento, el comportamiento, la autoconversación, la identidad propia, la visión del mundo, la lingüística (las palabras que utilizamos para expresar nuestro pensamiento, sentimiento y describir nuestro comportamiento), los patrones de vida en las relaciones, los objetivos y las elecciones. El consciente puede parecer una parte pequeña de nuestra masa cerebral y, aunque no almacena los datos y programas, sigue siendo la parte más importante de toda la retroalimentación de nuestro entorno y de la creación de programas. El consciente decide lo que los datos del entorno van a significar y la forma en que nos afectarán para el resto de nuestras vidas. El consciente puede cambiar los significados de nuestro pasado, los programas de nuestro presente y abrir caminos para nuestro futuro. El consciente tiene capacidad de elección. Aunque el consciente sólo recibe 5, 7 o 9 bits enteros de datos del subconsciente cada 0,22 de segundo, esto se convierte en 1.469 bits enteros cada minuto de nuestra vida. Un bit entero es una lista completa de todos los datos relativos a cualquier estímulo o tema, lo que resulta en casi 1.500 archivos completos cada 60 segundos. El consciente es capaz de conocer esta información y de evaluarla, valorarla y decidir sobre ella. El subconsciente ni siquiera es capaz de saber de qué datos se trata. El consciente toma la decisión sobre lo que es, y lo que significa todo ello, y las formas de utilizarlo o no. El truco está en conseguir que el consciente perciba, evalúe, juzgue y decida de forma diferente sobre los datos. El consciente es completamente capaz de hacer todo esto de forma diferente. Sin embargo, la mayoría de los seres humanos somos tan tercos que nos negamos a hacerlo. El consciente toma la determinación final con respecto a los datos y programas creados y almacenados por el subconsciente. Nuestra identidad, personalidad, imagen de sí mismo, rasgos de carácter, creencias, todos y cada uno de los aspectos que acabamos llamando "yo", están hechos a partir de datos de nuestro entorno y de nuestras respuestas conscientes a esos datos.

Con el efecto inverso, un pensamiento de una cosa indica automáticamente un pensamiento opuesto o diferente. Esto es cierto para cualquiera de los modelos de programas subconscientes. El hecho de que una cosa exista significa que una cosa opuesta o diferente también debe existir. Así, nuestra conciencia de una elección crea naturalmente una conciencia y elección de otra.

CÓMO ACCEDE EL SUBCONSCIENTE A LOS DATOS

1) Entrada Sensorial Similar

2) Tiempo

3) Enfoque Consciente

4) Órdenes de Activación Neurológicas Específicas (Secuencia)

5) El subconsciente siempre está procesando datos

A través de nuestro sistema nervioso central, los datos pasan por vías neurológicas a diferentes áreas del cerebro y vías neurológicas en todo el cuerpo. Estas vías se crean de forma diferente en función de las respuestas conscientes a los distintos datos. La relación afecta a este proceso basándose en una entrada similar ya existente en un programa.

Un cambio en el enfoque consciente puede hacer que la secuencia de activación también cambie. Esto resulta en una diferencia en la respuesta subconsciente que puede ser experimentada en un nivel consciente. Un ejemplo de esto, es tan simple como enfocar conscientemente una palabra o frase que usas naturalmente y cambiar la palabra o frase y tener un sentimiento emocional muy diferente. La frase "Yo soy" es un indicador del nivel de identidad. Simplemente ser consciente de cuando la usas, y luego cambiar el "yo soy" por "yo siento" puede causar un cambio subconsciente en la activación neurológica, resultando en un cambio de sentimiento y pensamiento. "Soy un fracaso", en lugar de "Me siento un fracaso", puede disminuir la sensación de fracaso. Recomiendo tener mucho cuidado y ser consciente de cuándo, y dónde, y cómo se utilizan las palabras "soy" o "estoy", ya que no sólo indican una creencia central, sino que pueden crear nuevas creencias centrales.

EL CONSCIENTE RECIBE TODOS LOS DATOS QUE EL SUBCONSCIENTE TIENE Y PROCESA

El Consciente debe dar permiso al Subconsciente para dar ciertos Datos al Consciente.

El consciente recibe 5, 7 o 9 bits enteros de datos cada 0,22 de segundo. El subconsciente consigue todo en su ambiente así como lo que el consciente responde a cualquier dato. El subconsciente puede mirar una página de un libro y en menos de un segundo puede tener cada palabra de la página siendo procesada por él. La lectura rápida es sólo una cuestión de permitir que el subconsciente haga su trabajo y que el consciente deje (permita) que todo sea percibido por éste. El consciente puede mirar un árbol y, en menos de un segundo, el subconsciente ya ha procesado todas las hojas y ramas del árbol. El consciente es la parte del cerebro que nos limita, no el subconsciente. Cuando experimentamos limitaciones, es una directiva consciente.

Todos los datos almacenados en el subconsciente están disponibles para el acceso del consciente, éste decide qué datos quiere y no quiere conocer. Estas decisiones conscientes se convierten en programas subconscientes y el consciente tiene que pasar por un proceso de reprogramación del subconsciente para dar los datos al consciente. El proceso consciente de reprogramación del subconsciente es bastante simple: "repetición y composición". La repetición es simplemente repetir, repetir, repetir, y la combinación es hacer las repeticiones con descansos o distracciones entre ellas durante un período de tiempo. Esta es la misma forma en que todos nos programamos en primer lugar.

Cuando somos niños inocentes, nuestra conciencia puede estar llena de fantasías salvajes que vienen acompañadas de respuestas emocionales. Una vez que los modelos del programa se crean en el subconsciente, éstos comienzan a disminuir en nuestra mente consciente. En otras palabras, podemos olvidarlos de forma consciente. Nos preocupamos más por nuestro entorno y por las respuestas que tienen los demás en nuestra vida a los acontecimientos de nuestro entorno. Cuando tenemos unos 8 años, se crean muchos de los modelos de programa con los que viviremos el resto de nuestra vida. En este punto, el subconsciente sólo puede dar acceso al consciente a los modelos de programa que el consciente le ha permitido conocer. Estos modelos de programa obviamente no son todos programas positivos. Sin embargo, el consciente ha apoyado estos modelos de programa y ha aceptado los mismos. Usted no puede recibir datos de su subconsciente que su mente consciente no ha acordado aceptar.

Las 5, 7 y 9 cantidades diferentes de datos que llegan al consciente cada 0,22 de segundo pueden depender de los niveles de estrés o del estado emocional. El estado emocional de un individuo. Especialmente, si están tomando medicamentos que los afectan, también puede determinar la cantidad de datos que entrarán en el consciente. A mayor estrés o estado de ánimo perjudicial, menor acceso consciente. Cuanto mejor sea el estado del ser, mayor será el acceso al consciente. La capacidad de afrontar emocionalmente las experiencias de la vida, la meditación u otro ejercicio de enfoque consciente pueden aumentar los datos a 9 o un nivel superior.

Los Estados Alterados del Consciente determinan el número de veces por segundo que el Consciente procesa los datos; El consciente percibe, evalúa, juzga y decide los datos objetivamente. Cuantas menos veces por 0,22 de segundo procese el consciente los datos, más percibe éste en los datos. Cuantas más veces procese el consciente los datos, menos consciente es en realidad de los datos. El consciente percibe, evalúa, juzga y decide los datos que le llegan del subconsciente entre 20 y menos de 4 veces por segundo. Por lo tanto, cuantas menos veces por segundo se procesen los datos, más datos podrá comprender el consciente. La cantidad de datos por segundo no cambia. Sólo cambian los ciclos por segundo de la rapidez con la que el consciente procesa los datos. Esto ayuda a explicar los sentimientos de ansiedad y angustia y otras respuestas estresantes de las que una persona puede ser consciente. El consciente está procesando (percibiendo, evaluando, juzgando y decidiendo) 2.938 bits enteros de datos a 1.200 veces por minuto, podría causar algunos estados de angustia. Un estado Alfa de ciclos conscientes por segundo de 7-14, oscilaría entre 420 y 840 veces por minuto de los mismos 2.938 bits enteros de datos. Un nivel Theta de conciencia oscila entre 4 y 7 veces por minuto de percibir, evaluar, juzgar y decidir los 2.938 bits enteros de datos. Esto se calcula como 2.938 bits enteros procesados conscientemente 240 veces por minuto. En un nivel Delta (sueño), el consciente sigue procesando la misma cantidad de datos menos de las 240 veces por minuto. El subconsciente no se altera en sus estructuras, patrones y procesos. Sólo los estados y la naturaleza del consciente son cambiantes.

FUNCIONES DEL SISTEMA LÍMBICO

El Sistema Límbico está situado entre los hemisferios derecho e izquierdo del cerebro. Se le conoce como la parte química del cerebro. También se le conoce como el Cerebro de Reptil. Esta es la parte del cerebro donde están las respuestas de lucha o huida y otras respuestas naturales con las que nacemos. Nacemos con el miedo a las caídas y el miedo a los ruidos fuertes. A partir de esto, tenemos una respuesta automática denominada reflejo de sobresalto. Todos los demás miedos, al igual que otras respuestas emocionales, son creados y programados por nuestra respuesta consciente a los datos. Esto también puede ser programado por nuestras respuestas conscientes a las experiencias de la vida. Nuestras percepciones y decisiones conscientes sobre nuestra experiencia vital es lo que determina incluso nuestros sentimientos (emociones) sobre la experiencia. Todas nuestras emociones provienen del Sistema Límbico y se codifican a través de los sistemas nerviosos centrales en puntos de vista receptores ubicados a lo largo del sistema nervioso central.

QUÉ PAPEL TIENE EL SISTEMA LÍMBICO EN NUESTRA EXPERIENCIA CONSCIENTE

Los diferentes estímulos sensoriales responden en función de la respuesta de nuestro pensamiento consciente a los estímulos sensoriales. Cuando tenemos emociones, esto libera diferentes químicos cerebrales (límbicos). Estos químicos se almacenan en base a la similitud de los químicos y no a los estímulos sensoriales. La emoción gobierna nuestra fuerza de deseo y gobierna nuestros comportamientos, las emociones son programadas, composiciones químicas. Decida que es lo que desea y que comportamientos necesita para tener sus deseos, gobierne conscientemente sus emociones para crear su deseo. La estructura química de la emoción se codifica en la dendrita del sistema nervioso central y permanece allí durante un largo período de tiempo y se almacena una estructura química similar.

Cuando la emoción se añade a nuestro lenguaje personal, a la meditación o a otras prácticas, la composición química de las emociones se codifica en el patrón de pensamiento de la onda cerebral. Así como la onda cerebral en sí misma va más allá de la capacidad del Wi-Fi, la emoción codificada en la onda siempre va con ella.

SUBCONSCIENTE CREATIVO

Cuando los estímulos sensoriales son datos procesados en el subconsciente sin encontrar un programa similar en el que colocarlos y no pueden ser unificados con ningún otro dato, el subconsciente creativo tomará los datos y creará realmente un pasado y un futuro para los datos. El Subconsciente Creativo es también la parte del cerebro que está involucrada en el procesamiento de datos similares y desviados.

Almacenamiento de datos. Si no se encuentran datos sensoriales similares para archivar, la información de esta parte del cerebro creará un archivo completamente nuevo para los datos. Llegará a crear un pasado y un futuro para los datos que no tienen otros datos similares en ninguno de nuestros archivos ya existentes. Por lo tanto, una experiencia traumática sin otros datos similares puede dar lugar a recuerdos pasados y futuros de los datos creados por esta parte del cerebro.

Esto puede ayudar a explicar las respuestas de las víctimas de crímenes violentos de sentirse culpables por el crimen cometido contra ellos. El suceso tiene un pasado creado que conduce a él, y un futuro creado del suceso, todo ello creado por el cerebro. Esto puede ayudar a explicar el TEPT y otros acontecimientos traumáticos de este tipo que la gente ha experimentado y sus temores futuros del acontecimiento.

QUÉ FORMAS TIENE EL SUBCONSCIENTE DE PROCESAR LOS DATOS PARA LA CONCIENCIA

El Subconsciente consiste en Meta-Programas Mayores y Menores, que son los Sistemas de Proceso de Filtrado a través de los cuales se procesan los diferentes Datos Sensoriales. También se denominan programas de compresión de datos.

Cada aspecto, función y elemento del ser humano se filtra a través de los programas de compresión de datos y todos ellos se interrelacionan entre sí. Los principales programas de compresión de datos se relacionan con los sentidos asociados en el subconsciente. Los sentidos asociados son: El sonido y la vista, el tacto y la energía, el gusto y el olfato. Los programas de compresión de datos menores están relacionados con los sentidos individuales.

EJEMPLOS DE LOS PRINCIPALES FILTROS DE PROCESAMIENTO DE METAPROGRAMAS

El sonido y la vista: Borra; elimina de la experiencia borrando, retrocediendo, creando un espacio en blanco.

Tacto y energía: Distorsiona; desvía del verdadero significado o proporción, cambia el estado natural y normal y representa falsamente.

Gusto y Olfato: Generaliza; derivar o inducir una concepción o principio general a partir de particulares y sacar una conclusión general o dar una aplicabilidad general y hacer las cosas indefinidas.

EJEMPLOS DE FILTROS DE PROCESAMIENTO DE METAPROGRAMAS MENORES

Sonido: Se borra por la similitud.

Esta es la razón por la que la conciencia de un mismo sonido se disipa después de un período de tiempo. Al igual que el tic-tac de un reloj.

La vista: Se borra por diferencia.

Esta es la razón por la que el conocimiento consciente de algo que "se ve" no siempre se nota al principio. Busca un vehículo diferente y nota todos los vehículos similares alrededor.

Tacto: Se distorsiona por la amplificación.

Esta es la razón de una gran cantidad de sensaciones táctiles aumentadas hasta un punto de sentir escalofríos y piel de gallina y sentir sus efectos en otras áreas del cuerpo.

Energía: Se distorsiona por la disminución.

Esta es la razón por la que muchas personas luchan con sus propias acciones, intuiciones y confianza.

Gusto: Se generaliza por la uniformidad.

Esta es la razón por la que la mayoría de las personas tienen preferencias alimentarias.

Olfato: generaliza por diferencia.

Esta es la razón por la que se pueden notar olores que son diferentes y el consciente puede relacionarlo con otra experiencia rápidamente.

NIVELES HOLOGRÁFICOS

Carácter y Estrategia

Relación y Acción

Valores e ideas

Espiritual

Los niveles holográficos se identifican fácilmente por las palabras que una persona utiliza para expresarse o comunicarse. Incluso las palabras en su pensamiento consciente. Las palabras que pertenecen o hacen referencia a los diferentes niveles, indican ese nivel de programación en el subconsciente. La clave de estos niveles, está en saber que algo no se puede arreglar en el nivel en el que existe el problema. Hay que ir al siguiente nivel como mínimo, para arreglar el nivel en el que está el problema. Por ejemplo, no se puede arreglar el carácter o las estrategias, salvo que la persona se relacione y actúe de forma diferente. El carácter y la estrategia provienen de la relación y la acción. No se puede cambiar la relación y la acción, excepto para cambiar los valores y las ideas. No se pueden cambiar los valores y las ideas si no se cambia lo espiritual. El solo hecho de saber esto puede ayudar a ahorrar mucho tiempo y ensayo y error al ayudarse a sí mismo o a otra persona.

SISTEMA NERVIOSO CENTRAL

Dendritas de sinapsis

Miras receptoras

Cada cuerpo humano contiene suficientes nervios en su sistema nervioso como para dar la vuelta a la tierra y salir hasta Júpiter y volver varias veces (un montón de nervios). La sinapsis es el espacio entre cada sección del nervio. Las dendritas son las uniones en las que la ruta nerviosa del sistema nervioso puede ramificarse en diferentes direcciones. Los puntos de recepción se encuentran en todo el sistema nervioso y reciben la sustancia química para añadir emoción a los programas y datos.

LINGÜÍSTICA

Neuro-activador: Las palabras no se almacenan simplemente en un archivo en el cerebro humano, sino que se almacenan en función de la similitud de la frecuencia, la tonalidad, la referencia sensorial y los diferentes indicadores de elementos. No reunimos conscientemente nuestros pensamientos, ni nuestras palabras expresadas en la mente de forma consciente antes de pensarlas, ni de expresarlas. Las palabras, tanto para nuestro pensamiento como para nuestras expresiones verbales, se reúnen a través de las vías neuronales específicas en las que las palabras se almacenan subconscientemente. Recuerde, o retome y consulte la velocidad a la que el consciente y el subconsciente trabajan juntos. Sólo un estímulo sensorial, una emoción y la intuición obtienen una respuesta del subconsciente. En 0,22 de segundo el subconsciente reúne los datos para el acceso consciente. En base a este neuro-activador y a las palabras que el consciente tiene para pensar o expresar, se pueden identificar las vías. Esta neuro-vía también tiene un opuesto basado en el efecto inverso. Y de nuevo, si usted tiene la pregunta, también tiene la respuesta. Si tiene el problema, tiene la solución. Si tienes la debilidad, tienes la fuerza. Aprendiendo las funciones, los programas y la naturaleza de los sentidos, tú mismo puedes identificar las respuestas, las soluciones y las fortalezas.

Definiciones y uso de las palabras: Como...

Palabras de la trama: Estas son palabras muy simples y tienen un efecto poderoso en el subconsciente. Estas palabras hacen que el subconsciente tome lo que se dice en el principio de una frase y lo teja, pegue y añada a lo que se dice al final de la frase. Como he leído las escrituras, estas pequeñas palabras son usadas a menudo por Jesucristo en su forma de hablar. Ejemplos de estas palabras: Aún, mientras, como, y, aunque, también, otra vez. Hay otras palabras capaces de tener este mismo o similar efecto en el subconsciente. Cualquier palabra que sea un sinónimo de cualquiera de estas palabras funcionaría.

Lo que hace el uso de estas palabras, es tomar la primera de una frase, como: "La vida ha sido dura para mí... Todavía... Sigo creyendo que puedo ganar".

Escriba otras frases y utilice estas palabras clave entre la primera y la última de la frase. Haz que la primera parte de la frase sea la más negativa, luego la palabra clave y después la parte positiva para terminar la frase. Además, escalen de 0 a 10 lo que sienten sólo por la parte negativa, luego hagan la oración con la palabra clave y un final positivo y escalen de nuevo de 0 a 10 lo que sienten por la oración.

Palabras adictivas: "Necesidad" indica una carencia de algo necesario, deseable o útil. Algo que es un requisito fisiológico o psicológico para el bienestar de un organismo. "Necesidad" puede indicar incluso a un estado de pobreza. "Querer" también indica estar necesitado o carente, tener o sentir necesidad todo indica una carencia de. "Tener que tener" es un estado de carencia y de gran necesidad.

Estas tres palabras se denominan palabras adictivas, ya que todas ellas indican un programa/modelo subconsciente que está programado para carecer de él. A menudo se hace referencia a estas palabras en oraciones con las otras palabras realmente vinculadas a una creencia central programada. Los programas de creencias centrales nos ayudan a alcanzar nuestras metas y deseos o nos impiden alcanzar las mismas cosas que deseamos en nuestra vida pero que nos cuesta alcanzar o adquirir.

Cada vez que utilice alguna de estas palabras en una frase, por favor, fíjese en la frase y considere cambiar las palabras: Quiero, Necesito o Tengo que tener, por palabras o frases como: Estoy trabajando en... voy a adquirir... busco...

Ejemplos de frases que contienen las palabras adictivas que indican programas para tener una carencia: "Quiero paz en mi vida", "Necesito que entiendas lo que digo", "Tengo que tener éxito en lo que hago". Querer, necesitar o tener que tener, usados de estas maneras indican un programa modelado para no alcanzar lo que sea que se quiere, se necesita o se tiene que tener. Cuando se escuche a sí mismo usando las palabras adictivas, fíjese en qué es lo que sí quiere, necesita o tiene que tener, y sea lo que sea, es algo que está programado para carecer. Estar programado para carecer indica que nunca lo conseguirás porque usted está programado para no tenerlo.

Sustituir las palabras adictivas de la frase por palabras como deseo, trabajar para, intención de conseguir y otros ejemplos similares pueden suponer una gran diferencia. Cambiar las palabras repetidamente durante un periodo de tiempo puede crear un programa para el éxito, en lugar de la falta de programa. Ejemplos de sustitución de palabras adictivas por otras frases en una oración: "Deseo la paz en mi vida. Estoy trabajando para que entienda lo que estoy diciendo. Tengo la intención de tener éxito en lo que estoy haciendo".

El simple hecho de eliminar estas palabras adictivas de su lenguaje puede suponer una gran diferencia en la forma en que se siente y en su experiencia de vida. Las palabras que utilizamos desempeñan un gran papel en nuestra experiencia de vida. Si quiere complicarse un poco más en el uso de las palabras adictivas, puede usarlas en frases (a propósito) en las que no quiere algo. Usar las palabras adictivas cuando preferirías carecer de algo también tiene un efecto de carencia en el subconsciente. Algunos ejemplos de esto pueden ser: "Quiero ir a la cama y sentirme muy despierto". "Necesito estudiar más este libro para entenderlo". Tengo que tener el resfriado y la gripe que tú tienes".

Meta Palabras Mayores y Menores:

Algunos programas de compresión de datos mayores son:

Borrar: las palabras que indican borrar serían: cero, borrar, cortar, fin, inicio, retorno, espacio, no.

Distorsionar; contorsionar, falsificar, la mayoría de las palabras que son sinónimos de error, malinterpretar, equivocarse.

Generalizar; las palabras que indican generalizaciones son cualquiera, todo, siempre, cada, nunca.

Ejemplos de enunciados de generalización: "Parece que nunca soy feliz ni tomo la decisión correcta". "Todo el mundo me trata siempre como si no fuera nadie". Está indican sus propios programas de creencias centrales.

Los metaprogramas menores son la igualdad, la diferencia, la amplificación y la disminución. Las palabras que los indican también indican el sentido en el que se utiliza el meta-programa.

Referencia temporal:

El tiempo se compone de: Pasado, Presente y Futuro. Las palabras que indican estos diferentes marcos temporales indican los programas subconscientes de las referencias temporales de los temas de la frase con la que se utiliza la palabra de referencia temporal. Pasado: tenía, era, hacía, no hacía, hacía, no puede, sabía, que: Presente: tiene, soy, es, hago, tengo, sé, esto. Futuro: será, podrá, no será, podría, haría.

Si se utilizan palabras que indican el pasado en una frase que señala el presente, entonces el tema al que se refiere no es el presente, es el pasado. Ejemplo: "Yo era feliz ahora" en lugar de "Yo soy feliz ahora". Las palabras que indican el futuro utilizadas en una frase que hace referencia al pasado, significa que no está referido al futuro, sólo al pasado. "Mañana lo tenía resuelto". "Sé que se hizo más tarde".

Sean cuales sean los ejemplos, lo cierto es que hay que ser consciente de las palabras de referencia temporal que se utilizan en realidad, en comparación con los temas y asuntos sobre los que se cree que se está haciendo referencia. Para muchos de nosotros nuestro pasado sólo se proyecta en nuestro futuro, por lo que nuestro futuro nunca cambia, sólo repite nuestro pasado. Nuestro presente está atascado en nuestro pasado y la forma más fácil de reconocer estos programas es notar cualquier referencia de tiempo en nuestras frases. Cuando se des cuenta de la referencia de tiempo que está usando, solo tiene que cambiar la referencia de tiempo, al tiempo que prefiere que sea, y repetir la frase. El solo hecho de hacer esto repetidamente también ayudará a crear nuevos y mejores modelos de programa en su subconsciente y cambiará su experiencia de vida y la forma en que responde emocionalmente a ella.

Referencia sensorial:

Aunque, todos los sentidos humanos pueden actuar sobre los otros sentidos, todavía tienen su programa/modelos separados, funciones, elementos y aspectos individuales. Hay palabras que indican los diferentes sentidos de los que proviene la información, y éstos a su vez indican los diferentes programas/modelos y sus funciones individuales.

Vista: Ver, vio, mirar, percibir, observar. Sonido: oír, escuchar, hablar, decir. Tacto: suave, áspero, cualquier textura referente a los términos. Energía: alta, baja, extática, radiante. Gusto: Amargo, dulce, agrio, salado. Olfato: Rosas, lluvia, perfume, cualquier descripción de cómo huele algo.

Las palabras que indican los diferentes sentidos también indican las funciones y aspectos individuales de los mismos.

Significados y aplicaciones literales, figurativos y simbólicos de las palabras:

Mis años de investigación para mis libros se han centrado en gran medida en las propias palabras y sus significados. Cada palabra se ha tomado primero literalmente en su significado exacto y se ha escrito el significado literal de cada palabra en un diálogo. Luego, ese diálogo se ha escrito con un significado figurativo a partir del literal. Por último, muchas de las técnicas que he desarrollado son el significado simbólico o las representaciones de los diálogos literales y figurativos. Para mí, digo que todo ha sido así de sencillo. Aunque la recopilación de todo el material escrito ha durado años.

Literal significa atenerse a los hechos a la construcción ordinaria y al significado primario de un término o expresión. La literalidad carece de toda imaginación, exageración o embellecimiento de los hechos. Está libre de todo lo que no es real.

Figurativo: Es sólo una representación o una semejanza de lo real. Se expresa algo en términos que normalmente denotan otro con el que puede considerarse análogo, (metafórico). Lo figurativo no es literal.

Simbólico: Es la forma en que algo puede relacionarse o caracterizarse con otra cosa.

Muchas cosas en la vida tienen diferentes formas de aplicarlas e interpretarlas. Lo mismo ocurre con las palabras. De hecho he tenido un montón de desvelos tomando las palabras desde una base literal. Recuerda que es el cerebro consciente el que es objetivo y es capaz de evaluar y decidir, no el subconsciente.

Lenguaje de los órganos; El lenguaje de los órganos son simplemente palabras utilizadas en nuestros pensamientos y frases que indican los diferentes órganos del cuerpo y/o la función de esos órganos. Estas palabras, cuando se usan a nivel consciente, son indicadores y directivas para los órganos y sus funciones. Sé consciente de cuando usas estas palabras y los órganos a los que hacen referencia y cuando notes que las usas cambia el uso y quizás seas más consciente sobre la función del órgano. Hay numerosos ejemplos de lenguaje de órganos y el efecto que puede tener en el cuerpo humano.

Frases como: "Que me dé un ataque al corazón". "Me da un infarto". "Me revuelve el estómago". "Me deja sin aliento". Todas estas frases aparentemente sencillas tienen un efecto absoluto en el subconsciente, que a su vez dirige estos órganos y sus funciones.

Tonalidad: La disposición o interrelación de los tonos de las palabras utilizadas en las frases que expresamos. La diferencia de tono en nuestras expresiones verbales puede indicar una verdad o una mentira y una creencia o una duda según la tonalidad que suba o baje. Si, por ejemplo, alguien dice: "Te quiero". Y el tono sube a un tono más alto en la palabra "te quiero o te", entonces indica que no te quiere o al menos se cuestiona si lo hace o no. Si alguien dice "te quiero" y los tonos bajan al final de la(s) palabra(s), esto indica que sí te quiere y no duda de que lo haga.

Sea más consciente del tono de su voz mientras pronuncia sus palabras, aunque puede que no haya sido consciente de esto y de otros aspectos simples antes de leer esto, todas estas diferencias provienen de los programas subconscientes. Incluso escuchando sus tonos mientras habla y podría estar hablando sin saber una opción o un hecho, sólo escuchando su propio tono de voz puede darle la información subconsciente. Si algo es la mejor elección y si algo es el hecho o no se expresa incluso en el tono natural con las palabras que están siendo expresadas. Una vez más, sabemos mucho más de lo que conocíamos sólo que no sabíamos cómo llegar a conocerlo, estas son formas de llegar a conocer lo que no sabíamos que sabíamos.

Molestias

La palabra molesta indica ambas cosas y por eso expresar sobre cualquier cosa que "molesta", sólo indica que tiene esto mismo dentro de usted. "La gente que no escucha a los demás antes de hablar me molesta". Indica que no escucha a los demás antes de lanzarse a hablar, y esto también le molesta. Otros ejemplos: "Me molesta lo maleducados que son". Cada vez que usa la palabra molesta indica que usted hace lo mismo.

En realidad, ni siquiera podemos ver en otro lo que no está en nosotros mismos.

Sé consciente de cuando usas la palabra "molesta" y date cuenta de que tienes el mismo rasgo. Creo que si conociéramos nuestros problemas, trabajaríamos para superarlos. A menudo, lo más difícil de superar de un problema o una debilidad es incluso darse cuenta de lo que es y de que lo tenemos.

Aprenda las funciones del Consciente y del Subconsciente y la forma en que crean su Identidad y Realidad. Utilice este libro como un manual para conocerse a sí mismo y a los demás y empiece a entenderse y a las otras personas. Todos nuestros programas/modelos son creados a partir de los datos de nuestro entorno y nuestra propia respuesta consciente a los datos. Puede crear nuevos programas/modelos de la misma manera que se crearon los actuales, Repetición y Composición. Repetición y composición es simplemente repetir un pensamiento, sentimiento o acción, y luego componerlo haciendo algo diferente para luego repetirlo de nuevo. Repite y Compón un programa/modelo deseado 5, 7 o 9 veces y comenzará a hacerse a sí mismo. Mantenga su enfoque en reforzar el nuevo programa con la repetición y composición continua. Esta es la forma en que se crean nuestros programas.

Aprenda los patrones de lenguaje del verdadero éxito y la alegría.

Palabras simples y efectivas y patrones de uso de estas para alcanzar sus metas en la vida y ayudar a otros. Palabras que usted debería o podría estar usando en sus pensamientos y sus expresiones verbales pueden hacer un cambio completo en las formas en que piensa, siente y responde. La principal forma de pensar está en nuestras palabras, y las palabras en nuestros propios procesos de pensamiento. La autoconversación juega un papel importante en nuestro éxito. Practique con las palabras sobre las que he escrito en este capítulo; lleve un diario de las palabras que usa y las que no usa. Lleve un diario sobre las palabras y frases que ha cambiado y escriba sobre los diferentes pensamientos y sentimientos que puedes experimentar al hacer esto. Hay muchas más palabras que pueden ayudarte a tener una experiencia de vida más feliz y existen diferentes técnicas sobre cómo utilizar las palabras para conseguir más efectos subconscientes.

Lingüística: Identifique y cambie sus Creencias Centrales a través de las palabras que utiliza. Las afirmaciones "yo soy" indican una creencia central. Sea muy consciente de cuándo utiliza cualquier afirmación Yo soy o Yo estoy. Estoy enfadado. Soy estúpido. No tengo esperanza. Estoy molesto. Estoy harto. Soy un adicto. Soy un idiota. No importa si estas afirmaciones se verbalizan o si son sólo pensamientos. De cualquier manera, tienen un gran efecto en el subconsciente. Además, indican una creencia central.

Afirmaciones yo soy como: Soy genial. Soy feliz. Soy un adicto o un alcohólico en rehabilitación. Tengo éxito. Estoy preparado para la vida. Soy capaz de enfrentarme a la vida. Estoy a la altura del desafío. Estoy agradecido de ser humano. Estas afirmaciones de "Yo soy" son beneficiosas aunque al principio le cueste hacerlas conscientemente. Las afirmaciones "Yo soy" seguirán teniendo un efecto positivo en usted y en sus programas.

Niveles Holográficos: un patrón simple de nuestras Creencias Internas y aspectos de nuestro ser almacenados profundamente en el Subconsciente. Se identifican fácilmente a través de un simple uso de palabras. Cada uno de los diferentes sentidos humanos crea diferentes partes de nuestro ser. Los datos de los diferentes sentidos tienen cada uno su propia función, así como el Meta-programa Mayor y Menor que procesa los datos. Cada aspecto de nuestro ser y cada detalle de nuestra vida se relaciona literalmente, figurativamente o simbólicamente con uno o más de nuestros sentidos humanos. Conocer esta información y la práctica e implementación de la información y los procesos puede ayudarle a conocerse y crear aspectos y creencias que lo ayuden a lograr cualquier cosa que elija alcanzar con su vida.

El Tiempo: Aprenda la Totalidad del Tiempo para cambiar su Percepción y Aprender de su Pasado. Ha estado creando su Futuro toda su vida. Hay, por supuesto, tres elementos diferentes del Tiempo: Pasado, Presente y Futuro. Cada elemento tiene su propia función y sus propios patrones y procesos. El hombre, a veces enseña que no puede cambiar su pasado. El hecho es que tomamos la dirección de nuestra vida del pasado. Toda la realidad es, de todos modos, la forma en que elegimos percibirla. Nuestro pasado no es diferente. Todas las experiencias de la vida son una percepción de la experiencia. Podemos, y de hecho, lo hacemos debemos practicar el cambio de nuestra percepción del pasado, o la dirección de nuestra vida nunca cambiará. El propio futuro tiene una función de desorden. Si el futuro se construyera sobre el orden, entonces el futuro nunca podría ser diferente del pasado. El desorden es un hecho de la vida y cuando el desorden se experimenta o se percibe en nuestras vidas es un indicador de que el futuro puede ser reordenado. El futuro es el tercer elemento del tiempo y el tercer elemento de transformación. Que el futuro sea el tercer elemento de transformación significa que todo lo que hay que hacer para ajustar el desorden del futuro, es tomar lo que está disponible y reorganizarlo o remodelarlo. O, en términos más técnicos, impregnarlo. El tiempo es un aspecto muy significativo de nuestras vidas y el tiempo está mezclado en cada aspecto de nuestro ser. Cada órgano, cada programa, cada pensamiento, sentimiento, comportamiento, tiene el tiempo incorporado. Ya tiene un pasado, un presente y un futuro. El tiempo puede ser un aspecto difícil de entender. Muchos de nosotros hemos sentido que el tiempo estaba en nuestra contra; ya sea porque no nos dejaba ir, o porque no se incorporaba bien a nuestra vida. El tiempo cumple una función importante en nuestra personalidad, nuestra identidad y nuestras creencias. El tiempo es tan simple como cualquier otro aspecto de nuestro ser. El pasado se almacena en el sonido y la vista, el presente se almacena con el tacto y la energía, y el futuro se almacena con el gusto y el olor. El pasado, el presente y el futuro tienen las funciones, los metaprogramas, los programas/modelos y los elementos de los sentidos con los que están programados. El único aspecto de nuestro tiempo sobre el que deberíamos actuar es nuestro pasado, y la única acción que deberíamos tomar para nuestro pasado es cambiar nuestra percepción del mismo. El presente no necesita ninguna acción. El presente es para nuestras intuiciones y nuestras relaciones. El presente es nuestra emoción, y aunque muchas personas actúan en el presente sobre sus relaciones, sus intuiciones y sus emociones, a menudo nos sale el tiro por la culata. El futuro en sí mismo funcionará con los otros dos elementos del tiempo cuando aprendamos a dejar que los demás actúen, y nuestro único proceso es centrarnos en reorganizar nuestras propias creencias y habilidades para organizar nuestro futuro.

El modelo del tiempo y su patrón lingüístico: Existe un patrón lingüístico en su habla que le ayudará a identificar y controlar los efectos del Tiempo en la experiencia de su vida. Aprender a crear oportunidades entre los eventos, acciones y condiciones de su vida. Practique la lingüística necesaria para el uso adecuado de las palabras del tiempo. Hazte más consciente de la forma en que verbalizas, con respecto al tiempo ahora. Lleve un diario de esto y aprende a corregir sus palabras haciendo referencia a elementos de tiempo adecuados y escriba un diario sobre sus experiencias al hacer este ejercicio.

El regalo: Todos tenemos huellas de personalidad superpuestas de nuestros padres y de la sociedad. Hay rasgos y características que simplemente no son nosotros. Los tenemos para ayudar a otra persona a cambiar y crecer. Cuando la otra persona no los acepta, seguimos llevándolos nosotros. En realidad, hay recuerdos genéticos en cada uno de nosotros procedentes de los padres de muchas generaciones, esto es así incluso si eres adoptado. Este recuerdo genético se transmite e incluye la sociedad, la memoria cultural y los rasgos también. Todo el mundo viene a la tierra con algo para poder ayudar a otra persona también. A menudo hace falta que otra persona nos señale nuestra propia debilidad para que la reconozcamos y empecemos a cambiar. Desafortunadamente, la forma en que otra persona nos señala nuestras debilidades, es haciendo algo que nos "molesta", o de alguna manera, presionando nuestros botones. Todos hemos experimentado incluso un ser querido, a veces un miembro de la familia, que desencadena una respuesta negativa o defensiva, o algún tipo de respuesta programada en nosotros que no es buena para nuestro crecimiento. Son estas personas y nuestras respuestas a ellas las que pueden indicar que hay que cambiar algo en nosotros mismos. Las superposiciones de personalidad de nuestros padres pueden incluir a sus padres y así sucesivamente. Todos tenemos características e incluso rasgos físicos de la familia. Estas características y rasgos se transmiten de generación en generación. En algún momento, alguien debe superar estas características negativas para evitar que se sigan transmitiendo. A veces, aunque una generación las haya superado, pueden seguir estando en la composición genética y desencadenarse más adelante.

Pensamientos, Sentimientos y Acciones:

Estos y mucho más de usted está almacenado en su subconsciente.

Una parte muy pequeña de los datos que recibimos de nuestro entorno llega primero a nuestro consciente.

Cualquier dato que llega a nuestra mente consciente viene de nuestro subconsciente, donde ya ha sido filtrado a través de los Meta-Programas Mayores y Menores del cerebro. Sólo 5, 7 o 9 bits enteros de datos llegan a la mente consciente cada 0,22 de segundo. Función consciente respecto a estos Datos del subconsciente es 1) Percibir los Datos, 2) Evaluar los Datos, 3) Juzgar los Datos, y 4) Decidir sobre los Datos. La información de este proceso consciente vuelve al subconsciente, donde se procesa como Datos a través de los Meta-Programas subconscientes.

Los Meta-Programas subconscientes son similares a los Programas de Compresión de Datos de una computadora. El subconsciente entonces toma estos Datos y los coloca en Modelos y Programas que deciden nuestras respuestas automáticas, nuestros pensamientos, nuestras emociones y nuestros comportamientos. Incluso los 5, 7 o 9 bits enteros de Datos que llegan a nuestra mente consciente cada 0,22 de segundo ya se deciden en base a los Modelos y Programas que ya tenemos en nuestro subconsciente de todos modos. Vaya. Crecí pensando que todo era yo y que simplemente pensaba, sentía y me comportaba como lo hacía porque era mi identidad. No, esto no es cierto. Nuestros pensamientos, nuestros sentimientos y nuestros comportamientos son Modelos y Programas creados a través de los procesos de nuestro cerebro. Todo esto se basa en: 1) los Datos, la Retroalimentación y las Anomalías en nuestro entorno, 2) nuestras respuestas conscientes a los 5, 7 o 9 bits enteros de los Datos que llegan al consciente, y 3) la mayoría de nuestros Modelos y programas se completaron a la edad de 8 años.

El Subconsciente toma cada micro bit de Datos del entorno; procesa y almacena todos estos Datos como Datos individuales, no como una compilación de sonidos, imágenes, sentimientos o eventos. Cada micro-bits de datos está, en sí mismo, separado de los demás datos disponibles.

El Subconsciente procesa estos micro-bits de Datos basados en diferentes Funciones del cerebro y Leyes Físicas.

Los Datos en el Subconsciente son ilimitados, cualquier cosa y todo lo que está disponible en el entorno y la respuesta de nuestro mente consciente se almacena en el subconsciente.

Los programas se basan en los ambientes en los que crecimos y en las respuestas de las personas de nuestro entorno.

Llegar a conocernos a nosotros mismos es muchas veces un proceso de sólo "recordar" y no un proceso de descubrimiento. Toda la información que debe tener en un momento dado ya está en su subconsciente. El truco es conseguir que llegue al consciente. El consciente es la parte del cerebro que le dijo al subconsciente que no le dejara conocer los datos. A su vez, el consciente debe convencer al subconsciente de que está preparado para recibir los datos ahora.

Entienda, controle, cree y efectúe su propio subconsciente. Estas y otras cosas sobre usted que normalmente podrían tomar una vida para cambiar, pueden cambiar en instantes, días, semanas o unos pocos meses. Conozca la estructura, los patrones y los procesos por los que funciona el cerebro. Toma conciencia de la lingüística que utilizas para pensar y expresarte. Cambie sus palabras, dase cuenta de su potencial, entienda su identidad y personalidad. Incluso sus creencias son sólo programas creados por su entorno. Tome las riendas y conviértase en todo lo que ha imaginado llegar a ser, imagina más allá de sus mayores potenciales. Alcance el cielo y (programa/modelo) créelo.

Si tiene pensamientos, sentimientos y acciones que no le gustan de usted, sino que solo salen. Si son repetitivos, provienen del subconsciente y puede crear nuevos programas con algunos procesos sencillos que sólo llevan unos momentos. Si los pensamientos, sentimientos o acciones que no le gustan no son repetitivos, sólo han sucedido una o dos veces en su vida hasta ahora (por lo que simplemente pasan volando y le llegan una o dos veces) y no le gustan, entonces honestamente, ese es un concepto totalmente distinto y no necesariamente viene de nuestro propio subconsciente.

Digamos, por ejemplo, que hay ciertas cosas que los demás hacen, y usted tiene una respuesta determinada a que ellos hagan esas cosas. Digamos, por ejemplo, que su respuesta es la ira o la depresión, o algún otro tipo de sentimiento o pensamiento que no le gusta. Normalmente tendría la tendencia a culpar a los demás por su respuesta. Pues bien, la verdad es que la respuesta que tiene es su propia respuesta. Y no es culpa de las otras personas que responda de la manera que lo hace. Son respuestas programadas en usted. Se desencadenan por lo que los otros están haciendo porque sus acciones están programadas en su subconsciente para desencadenar el programa dentro de ti. La mayoría de las respuestas programadas que tenemos, dentro de nosotros, no nacimos con ellas. Son respuestas programadas aprendidas.

Hay algunas reacciones con las que, como seres humanos, nacemos.

En cuanto a: Miedo, nacemos con dos reacciones naturales al miedo y dos cosas a las que tememos por naturaleza. Las dos cosas que naturalmente tememos son los ruidos fuertes y las caídas. Las dos reacciones naturales con las que nacemos ante estos dos miedos son sobresaltarse y/o gritar. La mayor parte de nuestras respuestas a la mayoría de los estímulos se basan en nuestros propios pensamientos y sentimientos que decidimos tener y juntar para pensar y actuar ante diferentes tipos de estímulos por nuestra propia voluntad.

La vida puede ser lo suficientemente dura con todas las influencias externas sobre nosotros. Y mucho menos, cuando nuestros propios pensamientos, sentimientos o acciones nos hacen daño también. No podemos cambiar el exterior, o el mundo. Pero podemos cambiar el interior, o a nosotros, (a ti). La percepción, la forma en que percibimos las cosas es clave para todo lo demás en nuestra vida. Muchas personas alaban la actitud. La actitud proviene de la percepción. La actitud no lo es todo. Es simplemente un resultado de nuestra percepción. La actitud es simplemente una expresión. La actitud es aproximadamente 50 dendritas que se encienden en nuestro subconsciente en el mismo micro segundo. La dendrita es similar a una unión en el sistema nervioso central, donde esa sección del nervio puede romperse en muchas direcciones diferentes. A menudo, la sustancia química que crea nuestras diferentes emociones se acumula en la dendrita y podemos experimentar realmente la emoción sólo con que el sistema nervioso central se active a través de la dendrita. En un bebé, la actitud se identifica por una sonrisa, un ceño fruncido u otras expresiones faciales con las que no ha nacido.

La percepción es la forma en que percibimos las cosas. Percibimos a través de nuestros sentidos humanos. Cada uno de nuestros sentidos humanos tiene diferentes meta-programas por los que pasan en nuestro subconsciente antes de que nuestro consciente los perciba. Como seres humanos, a menudo percibimos cosas completamente diferentes a partir de las mismas posibilidades sensoriales. Por no hablar de que, como seres humanos, podemos incluso no percibir, en absoluto, ciertas entradas sensoriales de una situación que tiene entradas sensoriales disponibles. Por lo tanto, nosotros, como seres humanos, percibimos de manera diferente. Doy gracias a Dios por esta posibilidad y experiencia. De lo contrario, seríamos todos iguales, percibiendo lo mismo, actitudes, con las mismas identidades y personalidades humanas. Además de nuestros meta-programas, tenemos diferentes experiencias sensoriales que no disfrutamos o que incluso pueden causarnos malestar o dolor. La respuesta de nuestra mente consciente a las diferentes experiencias sensoriales, van como órdenes a nuestro subconsciente. Por lo tanto, si pensamos cosas como: "No me no me gusta ese sonido, esa sensación o ese sabor", y pensamos este tipo de pensamientos repetidamente, nuestro subconsciente dejará de informar a nuestro consciente sobre esa experiencia sensorial específica o similar.

Nuestras respuestas conscientes a todas las cosas juegan un papel vital y a menudo aparentemente permanente en nuestra realidad de vida. Cada pensamiento que se tiene se considera una orden al subconsciente y determina la forma en que se percibe, se juzga y se toman decisiones automáticamente sobre nuestra vida.

Los pensamientos, sentimientos y acciones que provienen de ti, comenzaron hace muchos años. Son una parte de ti. El consciente puede tener pensamientos tan rápidos que puede ser difícil, a veces, descubrir cómo expresarlos. Muchas veces, nos deja pensando que expresamos todo lo que pensamos, tan rápido como lo pensamos, pero no es así. Y mucho menos, cuando se nos dicen cosas poco amables o hirientes. Escuche el pensamiento de su conciencia: A menudo, es nuestro propio pensamiento consciente el que nos dice cosas poco amables e hirientes. Las palabras desalentadoras de nuestros propios pensamientos son a menudo más frecuentes que las palabras desalentadoras o hirientes de otros. La preocupación, el estrés, la ira, la depresión y lo que sea que esté experimentando es exacerbado por su propio pensamiento consciente. Si no le gustan estos pensamientos, o sus propios sentimientos, o sus propias acciones, cámbielos.

Elliot Aronson pasó décadas investigando los comportamientos humanos. Es el responsable de gran parte de la información y de la serie de libros llamada El Animal Social. Una de las investigaciones en el libro Animal Social es la de los comentarios positivos frente a los negativos expresados. Para hacer las investigaciones, es necesario que haya tres grupos separados estudiados: Un grupo sabe exactamente lo que el equipo de investigación está haciendo; otro grupo ni siquiera sabe que se está realizando una investigación; y otro grupo es informado de que la investigación es algo muy diferente de lo que realmente es. Partiendo de esta base, el equipo de investigación contó y contabilizó los comentarios positivos a los niños frente a los negativos en varios hogares y escuelas privadas y públicas de Estados Unidos. El mayor porcentaje de comentarios positivos frente a los negativos provino del primer grupo que sabía que estaba siendo investigado para esto y su recuento fue de un 20% positivo frente a un 80% negativo.

La mente humana se ha estudiado durante décadas; hoy sabemos mucho sobre la mente humana. En el pasado, esta información se ha utilizado en los negocios para aumentar las ventas, los cobros y otros aspectos vitales del negocio. Se ha utilizado para trabajos de inteligencia e investigación. Básicamente, en el pasado, esta información se utilizaba para la totalidad y no estaba disponible para el individuo.

Los programas de motivación han incorporado esta información en sus programas. No le están enseñando las funciones del cerebro, han creado técnicas o procesos basados en las funciones del cerebro y tiene que pagar regularmente por participar CON ellos para llegar al estado mental al que saben llevarlo. A menudo se les paga mucho dinero. Acudir a ellos ayuda a que alguna corporación o empresa gane mucho dinero.

Las Funciones conscientes de 1) Percibir, 2) Evaluar, 3) Juzgar, y 4) Decidir, todavía no es nada más que lo que los Modelos y Programas subconscientes son de todos modos. Y, el subconsciente debe tener el permiso del consciente para enviar cualquier dato específico a éste antes de enviarlo para ser procesado. Además, la experiencia de las Funciones conscientes de:

1) Percibir; es nuestra capacidad de alcanzar la conciencia y la comprensión de cualquier cosa. Todas y cada una de las cosas que somos capaces de captar y asimilar, de detectar, discernir, distinguir, notar, de tener claro el significado de cualquier cosa. Hay otras formas de decir esto, pero ni siquiera lo notas, y mucho menos disciernes o tienes claro algo que no sea ya un programa o modelo subconsciente automático en curso dentro de ti. Lo siento, no usted no es naturalmente, abierto, sabio, ni cambiante, usted es aquellas representaciones de sus propias creencias subconscientes con sus respuestas conscientes añadidas en ellas.

2) Evaluar; la capacidad de determinar o fijar el valor, el significado, la utilidad o la condición de cualquier cosa por medio de una evaluación y un estudio cuidadosos. Su capacidad para asignar un grado de valor o valor, es otra Función consciente aunque los Datos que está recibiendo todavía se basan en los preprogramas.

3) Juzgar; la capacidad de crear una opinión mediante la ponderación cuidadosa de las pruebas y la comprobación de las premisas. La capacidad de Adivinar y Pensar, para llegar a una conclusión sobre cualquier cosa. "Formarse una idea".

4) Decidir; la capacidad de hacer una elección final, de seleccionar un curso de acción, de una elección infinitiva. Establecer, gobernar, resolver, fijar la identidad, el carácter, el alcance o la dirección de algo. Determinar hacer o no hacer una cosa.

El consciente tiene mucho que decir en los pre-programas del subconsciente aunque para ayudar al subconsciente a crear Nuevos Modelos y Programas que puedan ser ejecutados automáticamente por el subconsciente:

El consciente debe cambiar sus respuestas de entendimientos, discernimientos y cosas notadas en los Datos que el subconsciente está enviando.

El consciente debe responder con diferente valor, significado y valor de los Datos que ya está recibiendo.

La mente consciente debe formar diferentes y nuevas opiniones y sopesar las pruebas y evidencias por diferentes premisas.

La mente consciente debe seleccionar nuevos y diferentes cursos de acción y la elección infinita debe convertirse en una elección abierta. Formar la propia mente de maneras diferentes y nuevas con cada cantidad de Datos que entran en ella.

Sólo este cambio en la respuesta consciente, el consciente tomando mayor control sobre los mismos viejos Modelos y Programas subconscientes, el subconsciente tomará estas nuevas respuestas y comenzará a crear nuevos Modelos y Programas basados en una mayor respuesta consciente controlada.

Es realmente así de simple y hay muchos tipos diferentes de técnicas y procesos para ayudarte a hacer esto.

Cuando se habla de Hipnosis o de "Estados Alterados del Consciente", mucha gente piensa que esto es "meterse con el subconsciente". La realidad de la Hipnosis; los Estados Alterados del Consciente consisten sólo en los ciclos por segundo que el consciente procesa los 5, 7 o 9 bits enteros de Datos que recibe cada .22 de segundo. Las Funciones, Estructuras, Patrones y Procesos del subconsciente no son alterables. El subconsciente está pre-programado de la misma manera en todas y cada una de las personas. Al igual que el corazón, los pulmones, cualquier otro Elemento corporal u Órgano. No hay manera conocida por el hombre hoy en día, para alterar las Funciones Totales, la Estructura, los Patrones, y los Procesos del subconsciente. Conocer las formas en que crea Modelos y Programas puede ayudar al consciente a tener un mejor control en la creación de nuevos y en el manejo de los viejos Modelos y Programas.

Además de las Funciones del Consciente, hay diferentes niveles de conciencia; esto se refiere simplemente a los ciclos por segundo que el consciente pasa repetidamente por los Datos del subconsciente para Percibir, Evaluar, Juzgar y Decidir sobre los Datos. Cuanto más bajo es el nivel de ciclos conscientes por segundo, menos veces por segundo el consciente repite a través de los Datos para que el consciente haga su Función con los Datos.

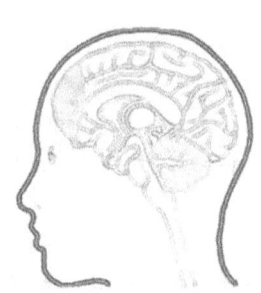

Los Procesos Conscientes

Bits enteros de información cada .22 de Segundo.

0.22	1 Sec.	1 Min.	1 Hour	1 Day
5	14	816	48,960	1,175,040
7	19	1,142	68,544	1,645,056
9	24	1,469	88,128	2,115,072

SUBCONSCIENTE

Existe una ciencia real sobre las funciones del cerebro.

El proceso de hacer las diferentes respuestas programadas, los procesos de sólo hacer, los patrones de pensamiento y las creencias es bastante simple. Y una vez que estos diferentes procesos de ser, y hacer, son hechos o creados, simplemente hacemos y somos, y estamos. A través de un proceso llamado "Repetición y Composición", ya no necesitamos considerarlos conscientemente. Simplemente, hacemos y somos y estamos. Entonces decimos cosas como: "Bueno, así soy yo".

Esto está muy bien cuando nos gustan estos diferentes aspectos programados de nosotros mismos, pero cuando estos aspectos programados de nosotros mismos, no nos ayudan, o a veces, incluso nos perjudican, nos conviene a nosotros, y a menudo a los demás, cambiar estos aspectos programados sobre nosotros mismos.

La repetición se define como el proceso de repetir una cosa. Para crear o hacer un programa en el subconsciente, una cosa sólo necesita ser repetida. La repetición tiene que ocurrir un cierto número de ocasiones. Cada uno de nosotros puede variar en el número exacto de veces que se repite para que el subconsciente lo haga automáticamente por nosotros sin mucho esfuerzo consciente. Al principio de cada proceso programado, tenemos que dar una mayor cantidad de tiempo y de pensamiento al proceso programado que puede llegar a ser automático desde el subconsciente después del proceso de Repetición y Composición. Como todo, cuando se nos presenta algo por primera vez, al principio, tal vez tengamos que hacer preguntas, estudiar y/o practicar otras formas del proceso de Repetición. Con el transcurso del tiempo, con suficientes preguntas, respuestas, estudio y/o práctica, podemos simplemente hacer la cosa y casi no tenemos que pensar conscientemente en ello, ya que podemos hacerlo automáticamente. A menudo, incluso cuando estamos haciendo otra cosa al mismo tiempo. Este es el tipo de cosas que aprendemos a través de la repetición y la composición, que se convierten en programas automáticos ejecutados por nuestro subconsciente.

La composición es otro aspecto importante para conseguir que cualquier cosa sea ejecutada automáticamente por el subconsciente sin tanto pensamiento consciente. A veces, sin ningún pensamiento consciente, hasta el punto de que podríamos estar haciendo las cosas y ni siquiera nos damos cuenta de que las estamos haciendo.

La composición es básicamente el proceso de no repetir durante un espacio de tiempo. La composición puede tener lugar de diferentes maneras. La composición puede ser procesada simplemente haciendo el proceso de Repetición, luego haciendo otra cosa, y luego volviendo al proceso de Repetición. Así que, cuando aprenda algo nuevo, haga algunas preguntas y obtenga algunas respuestas, luego vaya y haga algo completamente diferente. Luego vuelva y estudie la cosa que busca tener programada automáticamente, luego vaya y haga algo completamente diferente de nuevo. Luego vuelva y practique aquello que quiere programar automáticamente, luego vaya y haga algo completamente diferente. Una y otra vez, una y otra vez. Más o menos como la vida acaba siendo de todos modos. Este proceso de composición de ida y vuelta, de entrada y salida, de ida y vuelta de aquello a programar automáticamente, y luego dejar lo que se va a programar para enfocarse conscientemente en otra cosa, y luego volver a enfocarse conscientemente de forma repetida en el aprendizaje de esa cosa. Otro aspecto clave a recordar con el Proceso de Repetición y Composición, es que el subconsciente aprende por velocidad, no por la precisión. Así que realmente, cuanto más rápido haga las cosas que está buscando programar, más rápido el subconsciente la convertirá en un programa.

El subconsciente también se programa en base a un número impar del Proceso de Repetición y Composición.

Este Principio se puede aplicar de muchas maneras diferentes. Una de estas formas se llama a veces "Ancla" o "Respuesta Programada". Simplemente pensar en una idea o centrarse en un determinado sentimiento o comportamiento y luego tocarse a sí mismo o a otra persona en una zona determinada, como el hombro o un dedo, y luego centrarse en algo completamente diferente (esto crea la composición), y luego volver a centrarse en el pensamiento, sentimiento o comportamiento. Repita este proceso un número impar de veces y luego pruebe la Respuesta Programada y que el pensamiento, el sentimiento o el comportamiento simplemente se haga consciente.

Es realmente así de simple. Es la forma en que el subconsciente ya está siendo programado y es una parte importante del proceso que ya ha creado todos sus pensamientos, sentimientos y acciones conscientes.

Conociendo este proceso de aprendizaje para que el subconsciente lo haga sin mucho trabajo consciente; mi hija estaba tocando la viola y le estaba costando mucho hacer una de las canciones que tenía que aprender y grabar para su clase. Se estaba frustrando mucho e intentaba tocar la canción. Le pedí que tocara la canción tan rápido como pudiera y que luego hiciera otra cosa durante un minuto. A continuación, volvió a tocar la canción con la viola lo más rápido posible y luego volvió a hacer otra cosa durante un minuto. Luego vuelve a tocar la canción lo más rápido posible y luego hace otra cosa durante un minuto. A continuación, enciende la grabadora y toca la canción a la velocidad normal y le entrega a su profesor esa grabación de ella tocando la canción. Hizo este proceso y sacó un diez en la grabación de la canción.

El subconsciente almacena y rige nuestras emociones, nuestros deseos y comportamientos. La autoimagen y la autoconversación se almacenan y regulan en la mente subconsciente. Todos los modelos, programas y memoria se almacenan en el subconsciente.

El subconsciente toma cada micro bit de Datos del entorno y las respuestas de la mente consciente y antes de procesar a través de sus patrones de Función, hace lo que a veces se llama "Efecto Inverso" a cada micro bit de Datos. En otras palabras, el subconsciente toma cada imagen, sonido, textura, temperatura, todos los datos sensoriales y otros, y crea un opuesto completo de estos datos antes de procesar cualquiera de los datos que llegan a él.

Este proceso nos da la opción, incluso a nivel subconsciente. Sin embargo, el consciente debe dar esta elección, el permiso de los datos para ser uno de los 5, 7 o 9 bits enteros de datos que llegan al consciente desde el subconsciente para que se les permita entrar en el subconsciente.

Algunas personas terminan respondiendo automáticamente de manera muy contraria a todo, puedes escuchar una cosa y responder automáticamente de manera completamente opuesta en aproximadamente 0.22 de segundo.

Recuerda que la mente funciona en micro segundos y el consciente recibe datos cada 0.22 de segundo del subconsciente.

El subconsciente almacena y controla los principales Modelos y Programas que conforman nuestra Identidad, Personalidad, Emociones, Deseos, Comportamientos, Autoimagen, Autoconversación, Lenguaje, Aprendizaje y Funciones.

Los Modelos y Programas no se elaboran a partir de una sola Memoria, sino de una compilación de Memorias y respuestas del consciente. Todos nuestros Recuerdos están almacenados en el subconsciente y están siendo constantemente procesados añadiendo más Datos a los Modelos y Programas ya existentes. Siempre hay capacidad para crear Nuevos Modelos y Programas mediante la creación de nueva Memoria y nueva respuesta consciente.

Los Modelos y Programas nunca cambian. Tampoco desaparecen o se van, una vez que tenemos ciertos Modelos y Programas automáticos subconscientes, los tenemos para el resto de nuestra vida. Cuando creamos nuevos Modelos y Programas y los utilizamos, tenemos acceso a ellos para el resto de nuestra vida. No puede cambiar sus Modelos y Programas cerebrales Sin embargo, tiene un espacio ilimitado y la capacidad de crear constantemente nuevos Modelos y Programas para el resto de su vida. Se ha dicho que Albert Einstein utilizó el 10% de su cerebro. Para él, eso dejaba un 90% que nunca utilizó.

Cuando trabaja para crear un nuevo Modelo y Programa en su subconsciente, puede notar que el viejo Modelo sigue apareciendo, es sólo la forma en la que está. No indica nada diferente en usted que en cualquier otro ser humano. Sólo siga trabajando para crear el nuevo Modelo, añadiendo nueva Memoria, y tomando un mayor control de su respuesta consciente a los Datos subconscientes, y el nuevo Modelo/Programa se hará más grande y más automático.

Si alguna vez ha oído decir que se necesita tiempo para cambiar, recuerde que también se necesita una acción, un evento y una condición, o un proceso aplicado en tres lugares diferentes del tiempo para ver un cambio efectivo durante un período de tiempo.

Cuanto más se repite y se compone, con más número de veces impares, y fácilmente se crean nuevos Modelos y Programas que simplemente se convierten en función automática del subconsciente.

Esta es la misma forma en la que ya usted ha sido programado, esta es la estructura y algunos de los procesos que han creado los patrones de su vida que usted y otros han comenzado a llamar como su identidad, personalidad, emociones, deseos, comportamientos, auto-imagen, auto-habla, lenguaje, aprendizaje, función y ser.

Nuevamente, estos son sólo Modelos y Programas y usted es libre de crear otros nuevos según su elección. Ha sido su elección todo el tiempo.

Nuestra Identidad y Personalidad están basadas en nuestras experiencias pasadas y las respuestas conscientes a ellas. Éstas se crean principalmente a partir de los Datos sensoriales del sentido del Sonido y la Vista. La Identidad y la Personalidad dan sentido a nuestra vida. Se convierten en nuestra razón. Son muy importantes para poder hacerse cargo finalmente.

Todos los Datos, incluso en el subconsciente, son cambiados, además del proceso de Efecto Reserva por el que pasan. El subconsciente tiene Meta-Programas Mayores y Menores a través de los cuales procesa los Datos. Estos Meta-Programas Mayores y Menores pueden ser referidos como Programas de Compresión de Datos. Además del proceso de compresión de metadatos, el subconsciente realiza un proceso estructurado, con patrones, para colocar todos estos datos juntos y crear archivos para los datos. Estos llamados archivos de los Datos, terminan siendo nuestros Modelos y Programas para nuestra Identidad, Personalidad, y todo lo que llamamos el yo. Estas Estructuras, Procesos y Patrones, junto con los Meta-Programas Mayores y Menores, tienen lugar antes de que el Consciente tenga acceso a cualquiera de estos Datos. Entonces, de nuevo, los mismos Elementos en el cerebro y en todo el sistema nervioso central repiten este mismo orden para añadir las Funciones conscientes (siendo el consciente un Elemento del cerebro). Una vez más, su función es percibir, evaluar, juzgar y decidir sobre los datos que el subconsciente le ha enviado. Entonces todo se añade de nuevo a los Modelos y Programas ya existentes. O, si usted comienza a hacerse cargo por sí mismo, el subconsciente comenzará a crear nuevos Modelos y Programas. Estos nuevos Modelos y Programas se convertirán entonces en una nueva identidad, personalidad, emoción, deseo, imagen de sí mismo, Hable de sí mismo y comenzarás a tener, en un nivel consciente, una mayor y nueva elección en cuanto a su identidad y su ser completo.

El subconsciente trabaja principalmente con datos sensoriales, a veces denominados símbolos sensoriales. Por esta razón muchas técnicas o modalidades para trabajar conscientemente con el subconsciente no necesitan saber ninguna otra Información sobre nada. Todo lo que necesita saber, por ejemplo, son algunos Símbolos Sensoriales, es decir: Color y Forma, Sonido, Temperatura o Textura, Energía, Olor y Sabor.

El Subconsciente también trabaja y realiza los mismos patrones y procesos con los Símbolos en general. Esto está en la religión, la historia cultural, la ciencia, la medicina y muchos campos profesionales y también se conoce en el subconsciente.

Los símbolos son cosas como números, letras, objetos e imágenes. Los símbolos pueden ser cualquier cosa de una referencia no verbal de algo visible o no visible. Muchas veces, los símbolos se colocan juntos y tienen una referencia y comprensión común.

Los símbolos son a menudo un signo utilizado en la escritura, que se relaciona con un campo particular para representar operaciones, cantidades, elementos, funciones, relaciones o calidad de una cosa.

Nuestra experiencia vital es un símbolo de nuestros modelos y programas subconscientes. Cualquier símbolo que notamos o identificamos puede representar algo en la mente subconsciente que ha sido reprimido.

Los signos y símbolos son comparados y procesados por el subconsciente tanto como los datos sensoriales en éste.

Un signo puede ser un movimiento o un gesto mediante el cual se expresa un pensamiento, o se da a conocer una orden o un deseo, y el subconsciente sigue procesando estos datos. La lingüística tiene una función simbólica en la que una unidad lingüística designa un objeto o una relación y tiene una función puramente sintáctica. El subconsciente lo procesa de la misma manera.

El 50% de los datos que procesa el subconsciente son datos sensoriales. El otro 50% son símbolos, en varios estilos.

Todos estos Datos se procesan de la misma manera repetitiva en el subconsciente. Los modelos y programas se crean en el subconsciente a partir de estos datos antes de que el consciente tenga acceso a ellos. La respuesta consciente a estos Datos también es llevada de vuelta al subconsciente y procesada a través de los mismos Elementos, Función y Leyes. Y de nuevo, se añade o crea nuevos Modelos y Programas.

Usted no forma parte de sus Pensamientos, Emociones y Comportamientos. Eres una combinación de todos ellos, y todos ellos son Funciones subconscientes procesadas a través de una serie de Estructura, Patrones y Procesos. El Todo de estos, hace el Todo de usted.

El consciente puede anular el subconsciente. En otras palabras, la respuesta consciente a los datos subconscientes que llegan a un ritmo de 5, 7 o 9 bits enteros de datos cada 0,22 de segundo va al subconsciente como una orden de lo que el subconsciente debe hacer con estos datos.

Conseguir que el consciente responda de forma diferente es un proceso difícil, debido a los patrones de pensamiento incluso consciente ya repetidos durante un largo periodo de tiempo.

Conocer las formas, las Funciones del subconsciente y del consciente, ayuda a que sea mucho más fácil hacerse cargo de nuestra vida.

Tal y como están las cosas hoy en día, sólo somos Pasajeros dando un paseo con el subconsciente al mando. Decidiendo lo que pensamos, lo que escuchamos y vemos, decidiendo la forma en que nos sentimos y la acción que tomaremos, y decidiendo nuestras relaciones e incluso nuestras intuiciones. Simplemente nos dejamos llevar por nuestras percepciones, juicios y decisiones. Nuestras Creencias Centrales, nuestros Modelos y

Programas, son creados, estructurados, modelados y procesados por debajo de la mente consciente.

Conocer las formas en que, literalmente, funciona el cerebro, sus elementos, y sus funciones, y las leyes que rigen su programación, lo colocará en el asiento del conductor de su vida. Usted puede convertirse en su propio técnico de diagnóstico y reparación, incluso de actualización y servicio.

Los Modelos y Programas antiguos no desaparecen. Nuevos Modelos y Programas pueden ser creados a su propia elección sólo haciendo las mismas cosas que el subconsciente hace por su Función natural.

Capítulo 2

SUPERANDO A LOS ELEFANTES DE LA VIDA

Nacemos sin todos los programas que se ejecutan en nuestra mente consciente y subconsciente. Llegamos a la tierra con todo lo que hemos aprendido de nuestra vida anterior en lo más profundo de nuestro subconsciente. Cosas como los recuerdos vitales no están ahí todavía. Estamos aquí como bebés y todo lo que experimentaremos no ha sido experimentado todavía, así que no ha sido vivido, procesado o almacenado. La lingüística es un proceso o función primaria, que programa nuestra mente. Solo las simples palabras usadas a nuestro alrededor, dentro de nosotros, por nosotros, simples palabras y frases programan gran parte de nosotros. Las cosas que aprendemos y conocemos pueden seguir apareciendo durante décadas después de haberlas estudiado y comprendido. Tanto si nos gusta como si no, forma parte de nuestro proceso. Si las hemos aprendido y las conocemos, seguirán apareciendo. Lo que aprendemos y conocemos forma parte de nuestros programas.

El subconsciente sólo almacena y procesa los datos basándose en las respuestas repetidas del consciente a los datos. Por lo tanto, el acceso del consciente a la información depende de las respuestas del consciente. Creo que somos Seres Eternos. Creo que hemos vivido y viviremos para siempre. Creo que fuimos seres inteligentes como seres espirituales antes de recibir nuestros cuerpos físicos. Creo que el conocimiento de nuestra vida antes de venir a esta tierra vino con nosotros en todos y cada uno de nosotros. Creo que después de esta vida seguiremos viviendo para siempre.

Creo que el hombre será resucitado gracias a Jesucristo. Creo que cuando seamos resucitados y continuemos nuestra progresión eterna, recordaremos la experiencia en esta vida. Llegamos con nuestro conocimiento previo y progresión y volveremos con el conocimiento y la progresión que ganamos aquí.

Memoria: es de lo que están hechos nuestros programas/modelos y la memoria está formada por diferentes elementos que trabajan juntos para crear una totalidad de nuestros programas. Con los diferentes elementos que componen la memoria, somos capaces de crearla sólo con nuestra propia imaginación. Cuando soñamos o meditamos, cuando imaginamos nuestras experiencias vitales y nuestros potenciales, éstos pasan a formar parte de nuestra memoria y, por tanto, se convierten en parte de nuestro programa/modelos.

Hay tres tipos diferentes de memoria almacenada en nuestro subconsciente.

Memoria Real; Recuerdos que tiene de sus experiencias. A veces se denominan recuerdos que "usted cree" que tiene. Se refieren a los que usted "Piensa" que ha experimentado porque nuestras experiencias se basan sólo en la forma en que pensamos que son. Nuestras experiencias son individuales, y otros no experimentan las mismas experiencias de la misma manera que nosotros.

Memoria Vicaria; Esta proviene de las cosas que conocemos con respecto a nuestras experiencias. Todo lo que trajimos a las experiencias, Incluido en la Memoria Vicaria son cosas como Sueños Reales, Sueños Despiertos, películas, libros y una variedad de otros Datos y retroalimentación de nuestro ambiente así como de nuestra imaginación.

Memoria Genética; En ella se incluyen las experiencias contenidas en nuestro ADN. Información sobre líneas familiares, características familiares, composición física y características de la línea familiar. La memoria genética sólo incluye el evento y no los pensamientos conscientes del miembro de la familia sobre el evento.

La memoria real se basa en lo que "usted cree" que ha experimentado en parte debido a que los 5, 7 o 9 bits enteros de información ya se basan en lo que ya cree de todos modos. Entre el hecho de que nada puede llegar al consciente que el consciente no haya ya persuadido al subconsciente de que el consciente lo creerá, los datos son también procesados en el subconsciente por meta-programas mayores y menores que cambian los datos para propósitos de compresión y acceso consciente.

La memoria genética constituye un elemento de la memoria que es muy interesante. Las escrituras hablan de "Pecados de los padres que recaen sobre la cabeza de los hijos". Hay una variedad de teorías y enfoques que se refieren a la genealogía y a los rasgos de carácter, así como a las características físicas que se transmiten en las generaciones.

Haga que 5, 7 o 9 personas le digan lo mismo. Incluso si no es exactamente el mismo texto, sólo el mismo procesado, por usted o por ellos. Esto surgirá automáticamente poco después de la 7ª o 9ª vez en su propia conciencia y simplemente lo hará o pensará. O si tiene suerte, puede preguntárselo. Sin embargo, ahora surge constantemente en sus pensamientos. El subconsciente está programado por la repetición (la recurrencia) de datos sensoriales por lo que la respuesta consciente es importante para los programas que estos datos crean. Cuanto más se repiten los datos, más memoria de los datos se procesa para crear el programa. Los modelos de programas no se crean a partir de unas pocas memorias, se necesita una cantidad abundante de recuerdos para que un programa funcione automáticamente.

Todos los modelos de datos y programas entran en la categoría de memoria, sean cuales sean sus programas, tiene memorias que crearon los programas. El hecho de que sigan entrando los mismos datos o datos similares, sólo sirve para aumentar los mismos programas. Tiene que hacerse cargo de los datos que está dispuesto a permitir que entren, los simples datos sensoriales crean los programas. Si tiene pensamientos, sentimientos y comportamientos no beneficiosos para usted, entonces tiene programas creados a partir de la memoria de datos sensoriales que no eran beneficiosos para sí mismo. Puede establecer sus propias limitaciones alejándose de entornos e individuos que le dan datos que alimentan sus viejos programas negativos.

Esta es una explicación simple para mantenerse alejado de amigos o familiares que consumen drogas o alcohol cuando quiere estar sobrio. Esto no es una excusa para eliminar individuos o ambientes solo porque desencadenan el programa negativo. Si el entorno no está dando datos directamente relacionados con el programa, sino que sólo desencadena el programa, el entorno puede ser necesario si usted se abre a él. Nuevamente, supongamos que tienes un programa de ansiedad o depresión, me refiero a no estar cerca de otros que están ansiosos o deprimidos, no me refiero a personas o ambientes donde es su respuesta de ansiedad o depresión la que se desencadena alrededor de ellos. Es su programa, lo único que se añade es su respuesta, otras personas y ambientes del mismo programa. Si tiene un programa de ira, no vaya, ni vea peleas, ni boxeo, ni otros eventos violentos, ni esté cerca de otros que también muestren conductas de ira. Una vez más, si sólo se trata de que sus programas se desencadenan, pero el entorno no está provocando esas conductas negativas del programa, podría ser sólo una oportunidad para que trabaje en su programa.

Como seres humanos es muy difícil ver nuestros propios problemas. Si no los vemos, entonces no trabajaremos para cambiar el programa. Una respuesta humana natural es culpar a los demás por nuestros propios programas no saludables. Nuestros programas que se desencadenan en comparación con nuestros programas que reciben más datos del entorno son muy diferentes.

Por ejemplo, un adicto o un alcohólico cuya familia o amigos lo confrontan y hacen intentos para que sea honesto y obtenga ayuda, puede desencadenar que el adicto/alcohólico consuma. Esto no es una adición al programa adictivo, sólo lo desencadena. Tener el programa desencadenado es una oportunidad para que la persona elija crear o elegir un programa no adictivo.

El hecho es que cualquier programa/modelo que tengamos, también tenemos un programa completamente opuesto ya en el subconsciente. Los otros programas deben tener el permiso del consciente para poder acceder a su uso consciente. El programa/modelo opuesto es el resultado de la función de efecto inverso que el subconsciente realiza con todos los datos que llegan antes de ser procesados. El subconsciente hace automáticamente el Efecto Inverso. El Efecto Inverso es procesar la información que entró, exactamente como entró, y completamente opuesto en cada pieza de información que entró. Esto es algo que el subconsciente hace automáticamente. De nuevo, esto se llama Efecto Inverso.

2 Nefi 2; 11: "Porque es necesario que haya una oposición en todas las cosas. Si no fuera así, mi primogénito en el desierto, la justicia no podría ser llevada a cabo, ni la maldad, ni la santidad, ni la miseria, ni el bien ni el mal. Por lo tanto, todas las cosas deben ser un compuesto en uno; por lo que si fuera un solo cuerpo debe permanecer como muerto, sin tener vida ni muerte, ni corrupción ni incorrupción, felicidad ni miseria, ni sentido ni insensibilidad."

El efecto inverso es una función útil realizada por el subconsciente, hay grandes beneficios para tener el opuesto exacto de cualquier dato que llega al cerebro. Esto no sólo nos da una elección inmediata, (dependiendo de los datos que hayamos elegido usar) crea un programa/modelo opuesto para cada programa/modelo que tengas. El cambio entonces no es realmente tan difícil. En primer lugar, lo que es difícil es admitir y aceptar que el programa/modelo que utilizamos es el problema. Así que rápidamente culpamos al entorno y a los demás.

Hay dos cosas, que conocemos, que impiden que el subconsciente haga este proceso automático de efecto inverso. Una es "Verdades Absolutas", otra es "Elección Absoluta". Tiene que haber un patrón consistente de verdades absolutas, o elección absoluta, para que el subconsciente detenga temporalmente el Efecto Reverso automático el tiempo suficiente para que las siguientes palabras entren en el subconsciente y no sean Efecto Reverso por el proceso subconsciente. Ejemplo:

Existe un patrón de uso de verdades absolutas o de elección absoluta. Consiste en un patrón de:

Cinco Verdades Absolutas

Una Orden Consciente Cuatro Verdades Absolutas

Dos Comandos Conscientes Tres Verdades Absolutas

Tres Comandos Conscientes Dos Verdades Absolutas

Cuatro Comandos Conscientes Una Verdad Absoluta

Cinco Comandos Conscientes

Las Verdades Absolutas pueden ser el nombre de una persona, una cita directa de lo que ha dicho, el lugar, el entorno, la fecha, lo que está o acaba de suceder.

Los Comandos Conscientes generalmente son de naturaleza positiva de lo que pueden hacer, pensar, sentir o tener.

Por ejemplo, "Está leyendo estas palabras, las palabras son letras que se juntan en diferentes secuencias que tienen definiciones, las diferentes letras hacen un sonido diferente cuando se pronuncian individualmente, hay un montón de palabras hechas de las letras del alfabeto y comprendes muchas de ellas. Las palabras se juntan para crear frases cuando escribimos, las palabras pueden ser habladas, escritas o tecleadas, los textos y su propia capacidad para comprender más y más palabras aumenta enormemente con un mayor acceso consciente. Diferentes personas juntan diferentes palabras de diferentes maneras, la gente puede entender palabras similares de diferentes maneras y algunas palabras pueden sonar como otras palabras, y sus habilidades para comprender, obtener conocimiento y sabiduría del lenguaje aumentan naturalmente dentro de su propia mente subconsciente para el acceso consciente. Esto está escrito como un ejemplo de verdades con comandos conscientes. Usted conoce estas palabras y su habilidad para comprender, abrir su mente y aplicar la información para ganar conocimiento y el llegar a ser sabio aumenta naturalmente dentro de usted. A lo largo de las escrituras las palabras de Cristo son excelentes patrones de esta misma estructura. Ejemplos absolutos de elección están también en las palabras de Cristo: "No pudisteis". "Si queréis, podéis..." Usar la verdad absoluta cuando se habla a los demás, usar la elección absoluta cuando se habla a los demás ayuda a abrir el consciente a mayores datos del subconsciente.

A veces podemos hablar en verdades y comandos conscientes simplemente de forma natural y su sabiduría aumenta a medida que su conocimiento crece a partir de como aplica la información de Datos tan simples como las palabras, aumentando así su IQ y elevándolo a una inteligencia sin límites.

Las palabras desempeñan un papel importante en nuestra programación. Las palabras, todo sobre ellas, y la forma en que se juntan para crear una frase. Hay multitud de formas de decir lo mismo. Utilizar diferentes palabras en una frase, es en realidad gran parte de la forma en que nos comunicamos en general. Le decimos algo a alguien y éste nos responde: "Está diciendo esto o aquello". Básicamente, decimos lo mismo pero con una redacción diferente. A menudo, la gente acaba discutiendo, aunque, básicamente, están diciendo lo mismo, sólo que usando palabras diferentes. Aquí es donde una mayoría discutiendo no tenía que ser un argumento o ni siquiera vale la pena discutir.

La Biblia hace referencia a una lengua original. La historia bíblica de la Torre de Babel. Las siguientes escrituras son palabras que Dios dijo en el capítulo 11 del Génesis: Verso 1: "Y toda la tierra tenía una sola lengua y un solo lenguaje". (Entonces, construyeron la torre). Verso 6: "He aquí que el pueblo es uno y todos tienen una sola lengua; y esto comienzan a hacer: y ahora nada les será impedido: lo que han imaginado hacer". Verso 7: "Vamos, bajemos y confundamos allí su lengua, para que no entiendan el habla de los demás."

Cuando hablamos, las palabras que utilizamos provienen directamente del patrón de impulsos neuronales del subconsciente para el que ha sido programado el tema del que hablamos. No estamos pensando conscientemente en nuestra mente consciente todo el tema o asunto o cosa que queremos decir y luego, conscientemente escogemos nuestras palabras y conscientemente estructuramos nuestras frases en las palabras para presentar en nuestro lenguaje verbal el pensamiento, idea, concepto, que teníamos en nuestra mente consciente. Simplemente pensamos y hablamos, y las frases salen estructuradas con una palabra aquí, otra palabra después, y otra palabra allí. No pensamos ni controlamos conscientemente dónde podemos suspirar, dónde puede estar la melodía de una palabra mientras la pronunciamos, y mucho menos controlamos o estructuramos conscientemente dónde puede estar nuestra respiración por palabra mientras hablamos. Y hay otros aspectos del simple hecho de hablar que son subconscientemente neuro-dirigidos y simplemente así son. Estos otros aspectos son cosas como el movimiento del cuerpo, los gestos del cuerpo, incluso la tonalidad de los músculos o las contracciones. Todos estos y otros aspectos diferentes son el resultado directo de los disparos neurológicos programados en el subconsciente que ocurren en micro segundos a nivel del subconsciente. Todo lo que hacemos es pensar un pensamiento, tener una idea, tener una reacción y respuesta y boom todo lo demás está ahí y decimos. "Bueno, ese soy yo". Una de las cosas sorprendentes de estas funciones es la frase que acabo de escribir entre comillas: "Bueno, ese soy yo".

Esta frase así como todas estas frases que estoy escribiendo aquí no están estructuradas en mi mente consciente palabra por palabra frase por frase. Sé lo que estoy escribiendo, y sé lo que pretendo presentar, el hecho es que sólo estoy escribiendo y sólo presentando como neuro-impulso. Claro, voy a volver a leer esto, lo llaman lectura de prueba, otros pueden leer esto, y leer la prueba y elegir cambiar algunas de mis palabras. Sin embargo, el hecho es que mis palabras salen tal y como mi cerebro neuro-dirige la información que estoy presentando. Esto me permite a mí mismo y a otros que saben cómo hacer esto identificar el patrón de activación neuronal en mi subconsciente. Lo cual me permite a mí mismo y a otros que saben cómo hacer esto, decir cuáles son mis patrones neurológicos y lo que realmente estoy sintiendo y programando con respecto a este tema.

Las palabras que usamos también son tomadas literalmente por el subconsciente. El subconsciente en sus neuro-impulsos está dejando que las palabras vengan en el patrón que se dan neurológicamente en todo el cerebro, en el sistema nervioso central y también están literalmente desde el subconsciente. Además de ser literales a nivel subconsciente hay otros aspectos de las palabras tomadas literalmente en el subconsciente y uno de ellos son las ambigüedades fonológicas. Palabras que tienen el mismo sonido pero tienen más de un significado.

Sinapsis: punto en el que un impulso nervioso pasa de una neurona a otra. Unirse en sinapsis.

¿Cómo se come un elefante? De un bocado a otro. Todos tenemos elefantes en nuestras vidas, aunque estén vestidos con otros atuendos que no sean de elefante.

Ejemplos de elefantes personales:

➢ Problemas financieros

➢ Problemas de salud

➢ Problemas familiares

A menudo esperamos hacerlo todo ahora y hacerlo bien, y luego nos sentimos abrumados ante la perspectiva, para luego sentirnos como un fracaso cuando no lo completamos como habíamos previsto. Los elefantes de nuestra vida son manejables. Son nuestros programas subconscientes los que nos hacen sentirnos abrumados, y a veces hasta el punto de entrar en pánico. Los sentimientos de fracaso y la presión innecesaria para hacerlo ahora; todos estos sentimientos y pensamientos provienen de programas/modelos creados hace años y que funcionan en piloto automático en el cerebro.

Thomas Edison fabricó una bombilla miles de veces antes de que funcionara realmente. Todos tenemos la capacidad cerebral de ser también genios y todos somos capaces de hacer cualquier cosa que nos imaginemos. Los elefantes en nuestras vidas pueden abrumar y derrotarnos cuando esperamos que nos ocupemos de ellos de una vez. De nuevo, la mente subconsciente fue programada en primer lugar a través de la repetición y la composición, así que utilice sus habilidades conscientes para lidiar con los elefantes de su vida. 1º) Percibir el elefante, el problema o la meta, 2º) Evaluar el elefante, 3º) Juzgar el elefante y 4º) Decidir sobre el elefante. Este proceso cuando es asumido por usted, conscientemente se convierte en un proceso simple y fácil y los elefantes en su vida comienzan a disminuir.

El cerebro humano tiene su propia naturaleza y formas naturales de funcionamiento, educar al consciente en cuanto a la naturaleza del subconsciente es crucial para superar nuestra naturaleza humana, nuestro hombre natural, nuestras autolimitaciones y creencias.

Volver a percibir el elefante es a menudo la parte más difícil, el elefante no es el problema de otro, es el tuyo. Culpar al entorno o a los demás sólo crea más elefantes.

1): Percibir es nuestra capacidad de alcanzar la conciencia y la comprensión de cualquier cosa. Todas y cada una de las cosas que somos capaces de captar y asimilar, de detectar, discernir, distinguir y notar, de tener claro el significado de cualquier cosa. Hay otras formas de decir esto, pero ni siquiera se da cuenta, y mucho menos discierne o tiene claro algo que no sea ya un programa o modelo subconsciente automático en curso dentro de usted.

Lo siento, no usted es naturalmente, abierto, sabio, ni cambiante, es las representaciones de sus propias creencias subconscientes con sus respuestas conscientes añadidas en ellas.

La pauta de percepción consiste simplemente en anotar cualquier cosa de la que sea consciente sobre el elefante y que le gustaría tratar. Anote cualquier cosa que note sobre el elefante, anote cualquier cosa que pueda entender sobre el elefante.

Hazlo en términos sencillos en cuanto a lo que oyes y ves con respecto al elefante.

2): Evaluar, la capacidad de determinar o fijar el valor, la importancia, el significado o la condición de cualquier cosa mediante una apreciación y un estudio cuidadoso. Su capacidad para asignar un grado de valor o valía, es otra Función consciente aunque los Datos que está obteniendo todavía se basan en pre-programas.

3): Juzgar, la capacidad de elaborar una opinión mediante una cuidadosa ponderación de las pruebas y la comprobación de las premisas. La capacidad de Adivinar y Pensar, para llegar a una conclusión sobre cualquier cosa. "Crear una opinión".

4): Decidir: La capacidad de hacer una elección final, de seleccionar un curso de acción, de una elección infinitiva. Establecer, regir, resolver, fijar la identidad, el carácter, el alcance o la dirección de algo. Determinar hacer o no hacer una cosa.

COMERSE EL ELEFANTE EN SU VIDA

1) Percibir el elefante; y 2) Evaluar el elefante.

Describa todo lo que ve y conoce de este elefante. Después de cada descripción coloque un valor de 0 a 10 evaluando la importancia de esa percepción de su elefante.

A. Enumere las posibles cosas que vs que pueden ser erróneas en su visión de este elefante.

B. Enumere ideas, razones y conceptos sobre este elefante.

C. ¿Qué auto-conversación haces sobre este elefante?

D. Enumere las cosas que podrían ser correctas sobre este elefante.

E. Describa las formas en que ve a este elefante en su visión del mundo.

F. Describa las formas en que ve a este elefante en su visión de usted mismo.

G. Enumere las formas en que este elefante podría pertenecer a su pasado.

H. Enumere la dirección que este elefante podría tomar en su vida.

3) Juzgue al elefante a partir de este momento. Ahora, sólo revise todo lo que ha escrito hasta este punto sobre su elefante, incluso si piensa en algo nuevo o diferente ahora, no añada nada a la información anterior. Sólo considere lo que ya ha enumerado, piense en el valor/valor que ha determinado sobre su lista.

Tomando la información de las secciones de percepción de su elefante haga su mejor conjetura en cuanto a una opinión para cada respuesta que dio. Haga que sus opiniones se refieran a usted, no a los demás ni a su entorno. Después de su opinión de cada uno entonces escriba su propia conclusión de su opinión. Ejemplo: ¿Enumere las cosas que podrían estar equivocadas en su forma de ver el elefante? (Su respuesta) Tal vez esté progresando. (Su opinión sobre esta respuesta): Soy demasiado subjetivo al respecto. (A continuación, determine una conclusión, las consecuencias y el resultado de lo que ha decidido que es su opinión sobre esta información acerca de su elefante). Escriba su mejor conclusión de su opinión: No estar abierto a formas de hacerlo que podrían ser naturales.

A. De su lista de las cosas que podrían estar mal sobre el elefante y dar su opinión de cada uno de estos y luego escribir su mejor conjetura del resultado y las consecuencias de su opinión de los posibles errores.

B. De su lista de ideas, razones y conceptos sobre el elefante, escriba su opinión sobre cada idea, razón y concepto. A continuación, escriba su mejor conclusión sobre el resultado y las consecuencias de su opinión al respecto.

C. De su auto-conversación sobre el elefante, escriba su opinión sobre la auto-conversación y luego escriba su mejor conjetura sobre la conclusión o el resultado y las consecuencias de su opinión sobre la auto-conversación.

D. De su lista de lo que podría ser correcto sobre el elefante, escriba ahora su opinión sobre esta lista de derechos y luego escriba su mejor conjetura en cuanto a la conclusión o el resultado y las consecuencias de su opinión del derecho sobre el elefante.

E. De su lista sobre su visión del mundo en cuanto a este elefante escriba su opinión de cada visión del mundo y luego escriba su mejor conjetura sobre la conclusión o el resultado y las consecuencias de su opinión.

F. De su lista de auto-visión del elefante escriba su opinión de cada auto-visión y luego escriba su mejor conclusión del resultado y las consecuencias de su opinión de estos.

G. De su lista de lo que podría pertenecer a su pasado sobre este elefante escriba su opinión ahora de cada elemento que escribió y luego escriba su mejor conjetura de la conclusión o resultado y consecuencias de su opinión de estos.

H. De su lista de la dirección que este elefante podría tomar en su vida, escriba su opinión de cada una de sus respuestas y luego escriba su mejor conjetura de la conclusión y el resultado y las consecuencias de su opinión de cada una.

Decidir es el proceso final de la función consciente y su capacidad para tratar cualquier problema en su vida y/o alcanzar cualquier objetivo o sueño en su vida. Esto puede convertirse en un patrón de nueva elección y curso de acción en su vida. Usted está a cargo de su vida y usted es el único a cargo de ella.

A partir de la sección de sus listas de juicios, en la que enumeró sus opiniones y las conclusiones más acertadas de los resultados y las consecuencias de sus opiniones, tome cada opinión y conclusión de las consecuencias de los resultados y ahora es su oportunidad para determinar el curso de acción final, las reglas, la resolución, definir el carácter y dirigir su acción o no acción a su elección sobre el elefante.

Ejemplo: su opinión y conclusión de resultados y consecuencias de por qué vio al elefante: Otros lo señalaron y yo podría ser codependiente. Escribe una nueva identidad que preferirías tener: Independiente. La nueva forma de actuar es dedicar 10 minutos 3 veces al día a evaluar mis experiencias. Nuevas reglas: Escuchar a los demás en lugar de sólo reaccionar, establecer objetivos a corto plazo semanalmente. Rasgos de carácter que podrían ayudarme a hacerlo: Confianza en mí mismo, determinación.

A. Con respecto a sus opiniones y resultados y consecuencias de lo que podría estar mal sobre el elefante escribir:

Nueva identidad para lo malo del elefante.

Nuevo curso de acción o no curso de acción para lo que podría estar mal sobre el elefante:

Nuevas reglas que le ayuden a hacerlo:

Rasgos de carácter que le ayuden a hacerlo:

Plan programado para hacer esto:

B. En cuanto a sus opiniones y resultados y consecuencias de estos sobre sus ideas razones y conceptos sobre el elefante:

Nueva identidad de ideas razones y conceptos para el elefante:

Nuevo curso de acción o no acción para las ideas, razones y conceptos sobre el elefante.

Nuevas reglas para ayudarle a hacerlo:

Rasgos de carácter que le ayuden a hacerlo:

Plan programado de hacer esto:

C. Respecto a su opinión y resultado y consecuencias de su auto-conversación sobre el elefante escribe:

Nueva identidad para su auto-conversación:

Nuevo curso de acción o no acción para su auto-conversación: Nuevas reglas que le ayuden a hacer esto para su auto-conversación:

Rasgos de carácter que le ayuden a hacer esto para su auto-conversación Plan programado para hacerlo:

D. Con respecto a su opinión y resultado/consecuencias de lo que podría ser correcto sobre el elefante:

Cree una nueva identidad para lo correcto sobre el elefante. Escríbala:

Nuevo curso de acción o curso de no acción con respecto a la nueva identidad para lo correcto:

Nuevas reglas para lograr este nuevo curso de derecho sobre el elefante:
Rasgos de carácter para lograr el nuevo derecho sobre el elefante:

Plan programado para conseguirlo:

E. En cuanto a su opinión y resultados y consecuencias de su visión del mundo sobre este elefante;

Cree y escriba lo siguiente:

Nueva identidad de su visión del mundo del elefante:

Nuevo curso de acción o curso de no acción sobre su visión del mundo de su nueva identidad:

Nuevas reglas para alcanzar esta nueva visión del mundo:

Rasgos de carácter para alcanzar esta nueva visión del mundo:

Plan programado para alcanzarla:

F. Respecto a su opinión y resultado y consecuencias de su auto-visión del elefante, cree y escriba:

Nueva identidad para su auto-visión del elefante:

Nuevo curso de acción o no curso de acción para su nueva auto-visión del elefante:

Nuevas reglas que le ayuden a conseguir la nueva visión del elefante: Rasgos de carácter que le ayuden a conseguir la nueva visión del elefante: Plan de trabajo para alcanzar la nueva visión de sí mismo del elefante.

G. Respecto a su opinión y resultados y consecuencias del elefante en relación con su pasado: Cree y escriba:

Nueva identidad de su pasado en relación con el elefante:

Nuevo curso de acción o curso de no acción en lo que respecta a su pasado sobre el elefante:

Nuevas reglas que le ayuden a conseguir esto sobre su pasado:

Rasgos de carácter que le ayuden a conseguirlo en relación con su pasado: Plan programado para lograrlo:

H. Respecto a la dirección que este elefante podría tomar en su vida y su opinión y resultados y consecuencias: Cree y escriba:

Nueva identidad de la dirección que este elefante podría tomar en su vida:

Nuevo curso de acción o curso de no acción para tomar esta nueva dirección: Nuevas reglas que le ayuden a alcanzar incluso sobre su pasado:

Rasgos de carácter que le ayuden a lograr este incluso sobre su pasado: Un plan de trabajo para lograrlo:

FORMA DE COMER EL ELEFANTE

Percibir y Evaluar la Sección para Comer el Elefante Valor/valor A.

Valor/valor B.

Valor/valor C.

Valor/valor D.

Valor/valor E.

Valor/valor F.

Valor/valor G.

Valor/valor H.

Sección del Juez para Comer el Elefante:

A. Opinión:

Consecuencias:

B. Opinión:

Consecuencias:

C. Opinión:

Consecuencias:

D. Opinión:

Consecuencias:

E. Opinión:

Consecuencias:

F. Opinión:

Consecuencias:

G. Opinión:

Consecuencias:

H. Opinión:

Consecuencias:

Forma final para Comer el Elefante:

Combine todas sus Nuevas Identidades y luego Nuevas Acciones, Nuevas Reglas, Nuevos Rasgos de Personaje y Nuevo Plan.

Nuevas identidades: Comience cada declaración de identidad con una declaración "Yo soy". Nuevas acciones: Comience cada declaración de acción nueva con una declaración de "lo haré".

Nuevas reglas:

Nuevos rasgos de carácter: Comience cada nuevo rasgo de carácter con la palabra "tengo".

Nuevo plan: Comience cada nueva declaración de plan con las palabras "lo haré".

Capítulo 3

CREENCIAS LIMITANTES Y SU SUPERACIÓN

Las palabras que utiliza una persona son un medio para diagnosticar lo que puede estar mal en ella. Las funciones subconscientes que pueden no estar funcionando correctamente - (mecánica) de cómo funciona el subconsciente, los procesos de neuro-activación, las diferencias entre consciente, subconscientes y los medios de procesamiento. En el subconsciente hay una gran cantidad de datos. Sólo es cuestión de conseguir que la información llegue al consciente.

Sesgo de confirmación: sólo vemos lo que creemos. ¿Ha visto alguna vez un ángel? ¿Cree en los ángeles? ¿Cree que podría ver un ángel? ¿Cree que alguien más ha visto alguna vez un ángel? ¿Cuáles son los requisitos para ver un ángel? ¿Qué circunstancias deben darse para ver un ángel? Las preguntas pueden seguir y seguir, ya que la afirmación "sólo vemos lo que creemos" no se limita a una sola creencia, como "en los ángeles", sino a una serie de creencias dentro de nosotros mismos.

Nuestras propias creencias limitantes nos impiden alcanzar nuestros deseos y sueños. ¿Es usted capaz de experimentar milagros en su vida? ¿Consigue las cosas por las que trabaja? ¿Qué es lo que realmente cree sobre sus experiencias y logros? Nuestras creencias son programas/modelos subconscientes que se completaron cuando teníamos ocho años. Nuestras creencias fueron creadas por los entornos en los que vivíamos y los datos sensoriales de los entornos. Nuestras respuestas conscientes, incluso en esa época, fueron imitadas por nosotros de los que nos rodeaban. La única manera de conocer nuestras creencias es conocer nuestras respuestas subconscientes personales dentro de nuestra respuesta consciente. Podemos saber si tenemos la creencia de experimentar y alcanzar si experimentamos o no lo que buscamos y trabajamos.

El consciente puede anular al subconsciente. Sin embargo, si el consciente va a tomar las riendas, no puede aceptar sus modelos de programa de culpar a los demás, poner excusas y/o negar el potencial propio.

Sólo estamos limitados por el programa/modelos que ayudamos a crear para hacer nuestra personalidad, identidad, relaciones, comportamientos, creencias de carácter, creencias de estrategia. Cada aspecto de nuestro ser es operado por programas subconscientes. No hay excusa para no superar el yo, y no es culpa de nadie más que de nosotros mismos si elegimos no hacerlo. Incluso sin esta información y conocimiento, sabemos cuándo decimos algo que no es cierto o que no nos parece correcto. Tenemos mensajes constantes de la parte subconsciente de nuestro cerebro todo el tiempo, incluso sobre las intuiciones. Elegimos ignorarlos y entonces seguimos permitiendo que nuestro hombre natural (el subconsciente) controle la parte inteligente de nuestro ser. (Consciente).

Comunicación - 6-9 % verbal - 90% no verbal. Sólo el 6% de nuestras comunicaciones dentro de nosotros mismos y con los demás es nuestra comunicación verbal. El resto de nuestra capacidad para comunicarnos con nosotros mismos y con los demás son todas las formas no verbales. Lo no verbal incluye funciones subconscientes: la respiración, la tonalidad, los gestos, la posición del cuerpo, los tonos de la piel y el ritmo cardíaco y los movimientos de los ojos. Casi todas las funciones de nuestro ser físico que son funciones subconscientes (no conscientes) son capaces de comunicar grandes cantidades de información a uno mismo y a los demás.

La comunicación verbal incluye cualquier sonido que hagamos además de las palabras que usamos para comunicarnos. Nuestras palabras son importantes y pueden ayudarnos a identificar nuestro programa/modelos y practicando la lectura de la comunicación subconsciente puede darle un conocimiento ilimitado de sí mismo y de los demás.

Las palabras en nuestro subconsciente no están almacenadas sólo en un área del lenguaje están almacenadas en nuestra neurología en nuestras creencias y opiniones en diferentes áreas.

Nuestras palabras, que salen de forma natural, nos dicen nuestras creencias, nuestros problemas, todo y cualquier cosa que queramos o no saber. Tal y como salen de nosotros, todas las palabras encajan en las diferentes categorías de las que somos conscientes hoy en día.

La palabra Justo = énfasis, hace que el subconsciente se cierna sobre las palabras enunciadas tras su uso.

Incluso = la generalización = creencia central. Todas las generalizaciones indican creencias centrales.

"En el principio era la palabra y la palabra era Dios".

Palabras: las palabras son símbolos y cuando se pronuncian sus significados pueden cambiar según el énfasis, la tonalidad y otros programas subconscientes. Las palabras son formas de intentar comunicarnos con nosotros mismos y con los demás.

Sustantivo; generalmente, sirven de sujeto a un verbo.

Pronombre; palabras que se utilizan como sustitutos de sustantivos o frases sustantivas.

Sinónimo; Dos o más palabras de la misma lengua que tienen el mismo o casi el mismo significado en algunos o todos los sentidos.

Antónimo; Palabra de significado opuesto.

Adjetivo; Palabra que se utiliza generalmente como modificador de un sustantivo para denotar la cualidad de la cosa nombrada.

Adverbio; Palabra que suele servir de modificador de un verbo.

Verbo: Palabra que es característicamente el centro gramatical de un predicado y que expresa un acto, suceso o modo de ser.

Tomar las palabras de forma literal, figurada y simbólica puede ayudarlo a comprender su uso personal de las palabras y descubrir el programa/modelo que indican que tiene.

Intentar = Fracasar. Nunca se rinda y, al mismo tiempo, haga algo más que "intentar", incluso en su uso de la propia palabra. Trabajar en, determinar a y otras palabras cambiar ayudan a crear nuevos programa/modelos.

PERO=Cancela lo que ya ha dicho. AUNQUE - pre-supone que lo hará.

Esto y aquello - Esto es aquí, yo y ahora. Eso es allí, otro, no ahora. Preguntas primarias - Qué, Por qué, Quién, Cuál, Cómo, Dónde, Cuándo Sustituir las preguntas primarias por palabras como "sobre", "respecto a"

El uso de la palabra "eso" también indica una creencia y se refiere al yo.

Puede vs. Podría; PUEDE dar permiso al subconsciente. Podría significar posibilidad y fuerza.

Querer; indica posibilidad, anticipación de y poder Aún, mientras, como, y, aunque - Entrelaza las palabras Tiempo (hizo, hace, hace), (fue, será, es)

Hacer - Yo hago eso. Dolor = existe un problema.

El dolor sirve para que la conciencia sepa que hay un problema. 1. primer pensamiento. 2. luego los sentimientos. 3 el físico.

ENOJO por DOLOR = pensamiento y sentimiento - TÉCNICA DE HACER

Puede, no puede = capacidad. SUBCONSCIENTE le permite saber a través de un programa lo que es capaz de hacer simplemente con el uso de cualquiera de estas palabras.

Quiero, Necesito, Tengo, son palabras de Adicción. - Querer, Necesitar, Tener

= Lenguaje Adictivo.

La palabra querer tiene un neuro-activador subconsciente para mantenernos carentes de aquello que buscamos e indica un programa/modelo de carencia referido al "querer" específico expresado.

"Somos seres espirituales teniendo una experiencia física, no seres físicos buscando una experiencia espiritual". Lo anterior no es nuestro dicho original, sino que se encontró originalmente en un refrigerador en algún lugar de Canadá con "anónimo" como autor. Una clave importante de nuestro programa es la premisa: "Somos seres espirituales". Como seres espirituales, creemos que tenemos y seguiremos viviendo para siempre. Además, como seres espirituales ya tenemos, dentro de nosotros mismos, todas las respuestas a las preguntas que se nos plantean hoy. Hay mucha evidencia que indica que a través de nuestras creencias y programas subconscientes, todas las situaciones que enfrentamos hoy han sido creadas por nosotros mismos.

Hay muchos aspectos que discutiremos con respecto a existir como seres espirituales, haber vivido y continuar viviendo para siempre. Vamos a dividir estas categorías en lo que creemos que son temas muy simples. Primero, es la mente no consciente (subconsciente). Durante años el hombre se ha preguntado y ha explorado datos sobre la mente inconsciente, lo que ha dado como resultado la evidencia de la maravilla, la complejidad y a la vez la simplicidad y las múltiples funciones de la mente inconsciente. Algunas informaciones describen facetas del inconsciente como la responsabilidad del inconsciente de controlar las funciones del cuerpo, incluyendo los siguientes procesos internos:

* Latidos del Corazón	* Digestión	* Habla	
* Respiración	* Movimiento del Cuerpo	* Necesidades Metabólicas	
* Circulatorio	* Crecimiento del Cabello	* Movimiento de los Ojos	
* Respiratorio	* Tono de la Piel	* Hábitos	* Emociones

El habla es una función inconsciente por la que pocos de nosotros, al hablar, formamos conscientemente cada frase y la modelamos con un sustantivo, un pronombre, un verbo y un adverbio. Incluso, así sabemos conscientemente cuando escuchamos una frase que no ha sido estructurada correctamente.

Ejemplos de oraciones mal estructuradas y de oraciones correctamente estructuradas:

1. Nos fue cuando aparecieron ellos vs Nos fuimos cuando aparecieron ellos.

2. Allá mucha gente anda a pescar vs; Mucha gente ha ido a pescar allá.

Cada uno de nosotros comenzó el estudio de la gramática en la escuela primaria. También estudiamos las palabras y sus significados; sinónimos y antónimos. Diccionario tras diccionario, tesauro tras tesauro desglosan los significados de las diferentes palabras y ponen a nuestra disposición el significado específico de cada palabra. Tanto si el diccionario está en inglés, español, francés o cualquier otro idioma, las palabras tienen una cosa en común: la definición. La palabra puede decirse de forma diferente, pero el mensaje suele ser el mismo de un país a otro.

El tesauro desglosa las palabras, presentándonos palabras con significados similares (sinónimos). Sea cual sea la fuente de referencia que se utilice, hay una realidad: las palabras tienen un significado. Además, aunque todos sabemos que las palabras tienen importancia, el significado específico según nuestro diccionario personal se basa en nuestro programa personal inconsciente. Por lo tanto, las palabras que realmente pronunciamos y la forma en que las pronunciamos están representando un propósito inconsciente. Cuando observamos las palabras en relación con la función inconsciente y también en relación con los hábitos y las adicciones, descubrimos que se relacionan con la mente inconsciente y están directamente vinculadas a ella. Por lo tanto, para mejorar nuestro proceso de autodescubrimiento, centramos nuestra atención en palabras específicas de nuestro vocabulario. Entonces discutimos, descubrimos y tratamos las palabras que están directamente relacionadas con nuestras adicciones y hábitos.

Cuando empezamos a darnos cuenta del poder de nuestras palabras, y a identificar las palabras de adicción, Janey tuvo la siguiente experiencia:

Entré en una tienda local de gasolina y comestibles para comprar un paquete de cigarrillos. Al entrar en la tienda, me acerqué al empleado y le dije: "Quisiera un paquete de Marlboro rojos en una caja, si es tan amable". Cuando se acercó para tomarlos, le dije: "Oh, un momento, por favor". Ella bajó la mano. Le dije: "De verdad quiero un paquete de Marlboro rojos en una caja". Me miró de forma extraña. Añadí: "Un minuto, por favor". Ella pareció mirarme extrañada mientras yo decía: "Tengo que tener un paquete de Marlboro rojos en una caja". Me miró durante 30 o 45 segundos con cara de interrogación, y le contesté: "De verdad, tengo que tenerlos". Ella alargó la mano para tomar un paquete de Marlboro rojos en la caja y me los entregó.

Palabras como quiero, necesito, tengo que tener y debo tener; son palabras adictivas. Son palabras que nos ayudan a identificar las raíces de nuestras adicciones. No estamos hablando de semántica. Estamos hablando literalmente. Estamos hablando de la mente inconsciente y sus funciones inconscientes como nuestra respiración, los latidos de nuestro corazón, nuestra sangre circulando el oxígeno a través de nuestro sistema respiratorio sabiendo exactamente donde tiene que estar y con qué propósito tiene que estar allí. Todas estas funciones se producen de forma inconsciente, al igual que nuestra forma de hablar.

Todos hemos tenido experiencias en las que hemos hablado inconscientemente, sin pensar conscientemente en ello y nos hemos arrepentido después. Son experiencias en las que, cuando la situación estresante ha terminado y ya ha dicho todas esas estupideces cuando está bajo estrés, piensa entonces en todas las palabras inteligentes que podría haber dicho si su conciencia hubiera estado al mando durante esa situación estresante. No es necesariamente malo decir "quiero", "me gusta", "necesito" o "tengo que tener". Es una forma normal de hablar. Lo que decimos es que las cosas que nos gustan, que queremos, que necesitamos o que tenemos que tener, son frases que están directamente relacionadas con las raíces de nuestras adicciones. Especialmente en la mente humana, ya que pertenecen a los atributos espirituales de nuestro ser eterno y, por lo tanto, a la naturaleza humana.

Ejemplos de los abstractos espirituales (atributos) son:

* Confianza   * Éxito   * Paciencia   * Felicidad
* Alegría   * Amor   * Comodidad

Los abstractos mencionados anteriormente son elementos intangibles y espirituales, y no pueden obtenerse fácilmente comprándolos en la tienda local o en el armario de la cocina.

Las palabras querer, necesitar, tener, en sí mismas son como flechas que apuntan a las áreas específicas que son las raíces de nuestras adicciones. Estos deseos, estas necesidades, estos "tengo que tener", estos gustos y anhelos con respecto a las características espirituales o humanas son cosas a las que la mayoría de los seres humanos, si no todos, creen que tienen derecho. Hoy en día se cree comúnmente que es apropiado esperar ser amado y ser tratado con dignidad y respeto. Esperar es exigir y no hay ninguna tienda a la que se pueda ir con el propósito de comprar amor, dignidad y respeto, o cualquier otra de estas características espirituales humanas. No hay almacenes por catálogo que vendan estas características. No son cosas tangibles y no se pueden obtener de forma tangible. Además, no se nos pueden quitar de forma tangible. Tampoco son objetos que podamos encontrar fuera de nosotros mismos.

Como individuo que desea, necesita, tiene que tener algo, podemos asumir con seguridad que no creemos que tengamos lo que queremos. Ejemplos de esto son:

* tener la barriga llena por haber comido mucho; una persona no quiere una comida abundante porque acaba de comerla.

* Cuando una persona tiene un vaso de agua, no quiere un vaso de agua porque ahora tiene uno.

No queremos lo que tenemos. Querer, necesitar, tener que tener, implica una carencia. En consecuencia, implica una desesperación, según el grado del querer, de la necesidad o del tener en el continuo del querer. Cuanto mayor sea la creencia respecto a la carencia o cuanto mayor sea la creencia en la desesperación de la necesidad, mayor será la necesidad o la adicción. A este proceso de adicción se suman los aspectos físicos de las ansias. Un individuo puede depositar sus necesidades y desesperación en cualquier cosa que decida ponerlas. El engaño aquí es porque cualquier cosa en la que un individuo decida invertir sus necesidades y desesperación es lo que ese individuo va a recibir. Por lo tanto, el querer, necesitar, tener es respondido cuando suponemos que la confianza, el coraje, la paciencia, o el amor será el recibo de esta inversión. En consecuencia, si usted necesita desesperadamente, tiene que tener confianza, no recibirá confianza. Estamos diciendo que si necesita desesperadamente tener confianza, paciencia o cualquier otra característica espiritual, experimentará la necesidad y vivirá situaciones que lo llevarán a creer que tiene que tenerla. La necesidad en sí misma atraerá o provocará una necesidad mayor y la necesidad o el tener que tener, crecerá y crecerá dentro y alrededor de usted hasta que se encuentre ahogado en la misma necesidad.

Querer, necesitar, tener que tener, implica una carencia. Cuanto más grande es el deseo, más grande es la necesidad, más grande es el tener que tener, más grande es la carencia, como tú percibes la carencia. El mero querer, necesitar, tener que tener, es contra intuitivo (significa buscar lo contrario de lo que se expresa, es decir, pedir paciencia y experimentar situaciones para enseñar la paciencia). La desesperación es contra intuitiva en cuanto a las características espirituales de la naturaleza humana (la desesperación y los atributos espirituales son extremos opuestos del continuo). Si, en efecto, somos seres espirituales teniendo una experiencia física, en lugar de seres físicos teniendo una experiencia espiritual. Si, de hecho, la confianza, la estima, la paciencia, el amor, la paz y el éxito no pueden ser artículos tangibles, sino que son cosas espirituales, intangibles, entonces como seres espirituales ya tenemos todas estas cosas intangibles espirituales, o características. Estas características pueden estar sólo en forma de embrión, y puede que aún no sean visibles para ti, pero dentro de ti, lo son.

Estas características están dentro de cada uno de nosotros desde el principio, nacemos con estas características. Estos intangibles espirituales a los que nos referimos al afirmar que todos nacemos igual ante Dios en el principio. En el principio con Dios todos tenemos dentro de nosotros las características espirituales tales como la paz, el amor, la paciencia, la confianza, la virtud y la caridad. Estas virtudes son características espirituales, los intangibles de los que hablamos.

Si alguna vez ha sostenido a un recién nacido, ha podido vislumbrar estas características espirituales. Experimentas la pureza y la inocencia, las virtudes en bruto. Percibe, mientras sostienes a ese infante, cómo éste parece originar para su hogar o brazos el mensaje, que dicho infante es un sentimiento de amor, paciencia, paz y alegría. Sólo podemos dar lo que poseemos. Por lo tanto, para que el bebé emane las virtudes espirituales, éste trae consigo estos atributos espirituales a este mundo. Debido a que todos y cada uno de nosotros fuimos un infante en un momento dado, todos y cada uno de nosotros nacimos igual, cada uno nació con estas características espirituales. Creyendo que carecemos de estas características, ¿a dónde han ido a parar? ¿Las hemos perdido o simplemente están escondidas bajo los miedos y comportamientos de autoprotección que a menudo se conocen como nuestras adicciones? Estos intangibles no han renunciado, permanecen dentro de nosotros. No los hemos perdido, como tampoco hemos perdido nuestros espíritus y andamos sin espíritu. Así como vivimos como mortales con nuestros espíritus dentro de nosotros, también tenemos dentro de nosotros estas características espirituales. No se han ido. Sólo están olvidadas o cubiertas con nuestras experiencias en la vida cotidiana, lo que nos hace cuestionar y dudar de la disponibilidad de estas características espirituales de nosotros mismos. Nuestros intangibles espirituales han sido ocultados por nuestras experiencias en la vida real y, por lo tanto, nos convencen de que ahora estamos experimentando una falta de nuestras virtudes espirituales, las cuales son aspectos vitales de nosotros, como seres eternos.

Cuando experimentamos nuestra carencia percibida de un intangible espiritual, en lugar de centrarnos en gran medida en las experiencias vitales que nos transportan a nuestra carencia percibida, nos centramos en cambio en la porción que somos las experiencias vividas que nos transportan a nuestra carencia percibida, nos centramos en cambio en la porción que anhelamos. Asumimos que carecemos de ella, entonces simplemente decimos: "Quiero tener paciencia, quiero tener paz, tengo que tener confianza y paz, tengo que tener confianza para poder hacer esto, tengo que tener amor y paz en mi vida, mi hogar necesita alegría y armonía". No detectamos que estos atributos permanecen ocultos en nuestro interior. Este enmascaramiento nos hace creer que no tenemos. Y así, enterrada bajo estas palabras adictivas, está toda nuestra basura mortal. Al verbalizar nuestra carencia, en realidad hemos encontrado una forma muy agradable de disfrazar nuestra basura de vida. Aunque las palabras suenan muy bien, "quiero paz", "quiero amor", "quiero entender", "quiero tener armonía". La verdad es que querer la paz implica una falta de paz, querer comprender o ser comprendido implica una falta de comprensión.

La paz no es una mercancía que se pueda comprar fácilmente. No puedes comprar estos rasgos de carácter espiritual, estas Características residen dentro de cada uno de nosotros. Por lo tanto, aunque suene increíble escuchar a alguien decir: "Realmente quiero la paz", el simple hecho de querer cualquiera de estas cosas impide que ocurran en nuestras vidas. De hecho, el querer implica una carencia. El querer es la hermosa cubierta que hemos programado y entrenado para depositar encima de nuestra basura. Querer algo no nos trae el algo. Querer y seguir queriendo, implica una carencia. Seguir queriendo implica una carencia constante de aquello que queremos. Sin saberlo, debajo de nuestro querer se encuentra la basura causada por nuestra experiencia mortal. Las experiencias vividas que de alguna manera han convencido a nuestra conciencia, la cual a su vez convence a nuestra inconsciencia de que ya no tenemos las características que nos corresponden eternamente como seres espirituales.

En sí, no es malo querer, necesitar, tener que tener características espirituales. Aquí, con esta información, se le invita a que simplemente se escuche a sí mismo y a los demás hablar. A partir de ahí, identifique aquellas características espirituales de las que inconscientemente y quizás conscientemente cree que carece. Debajo de esas carencias, de esos deseos, de esas necesidades, de esos tener que tener, está la raíz de su adicción y de otros aspectos negativos de su vida.

Lo invitamos a iniciar el proceso de descubrimiento con nosotros. Observa las experiencias vividas que lo convencen de que no tiene las características espirituales. Observe las experiencias mortales que le han convencido de que, de alguna manera, en algún lugar, ha perdido la sabiduría, la comprensión, la paciencia, la fe o la esperanza. También le invitamos a unirse a nosotros para aceptar que sigue siendo un ser espiritual, que tiene una experiencia física, en lugar de un ser físico que busca una experiencia espiritual.

No lo invitamos a dejar de querer, necesitar o tener. Para dejar de mencionar estas palabras, sí le rogamos que practique la sustitución de estas palabras adictivas por otras diferentes. Le pedimos que tome conciencia simplemente escuchándose a sí mismo y a las palabras específicas que pronuncia. Preste especial atención a los ítems de querer, necesitar, tener para poder lograr las esperanzas, los atributos y las metas que cree o espera poder lograr en su vida.

Lleve siempre consigo un bloc de notas, un bolígrafo o un lápiz. Mientras hable, escuche lo que dice y las palabras que dice la gente a su alrededor, tome notas. Cuando sea consciente de lo que necesita, de lo que tiene que tener que es una característica espiritual de su ser eterno... escríbalo y sustituya las palabras querer por palabras como: trabajando, practicando experimentando, para lidiar así con su percepción de carencia.

Veamos algunos ejemplos de esto. Digamos, por ejemplo, que estamos hablando de su adicción. Pregúntese: "¿qué cosas necesita más para ayudarle a alcanzar su objetivo?". Haga una lista de las cosas diversificadas que más necesita para favorecer sus objetivos. Sea consciente de que los viejos dolores, miedos y experiencias han afectado a sus percepciones de sus atributos espirituales (es decir, el amor, el valor, la fe, la paciencia) y están haciendo que perciba una carencia con respecto a ellos. Esas necesidades percibidas (necesito amor es una percepción que surge de experiencias en las que usted se centró en acciones que representaban "carencia" en lugar de acciones que experimentaban amor) son las mismas cosas que están cubriendo las raíces de su capacidad; los deseos, las necesidades y el tener que tener que en realidad le impiden tener.

No es necesario que usted dedique grandes cantidades de tiempo a escudriñar toda la basura mortal que está enterrada bajo sus deseos, necesidades y tener que tener. Al soltar el querer, el necesitar, el tener que tener, el amor, el valor, la fe y la paciencia, descubrirá los atributos del amor, el valor, la fe y la paciencia de un ser eterno que aún reside dentro de usted. Con este proceso de liberación, habrá dado permiso a esos atributos para que vuelvan a salir a la superficie dentro de usted. A medida que salgan a la superficie, se le revelarán, dispuestos tal como lo estaban al principio de su vida en esta tierra.

Aunque el proceso parece sencillo -y lo es-, hay algo más en la historia. Cuando sueltes el querer, el necesitar, el tener que tener, lo que queda además de los atributos espirituales es toda la basura mortal que ha sido cubierta con los términos bonitos:

Quiero   Necesito   Tengo que tener   Debo tener

El yo quiero paz, yo quiero amor, yo quiero armonía.

Cuando soltamos el querer, el necesitar, el tener, no sólo la característica espiritual implicada es libre de salir a la superficie de nuevo, sino también los recuerdos de esas experiencias. Por lo tanto, ahora puede tener recuerdos más extensos y puede ver claramente, al deshacerte de querer, necesitar y tener, cómo sus recuerdos aparecen ahora de forma diferente. Ahora percibirá esos recuerdos a través de los pensamientos que perciben a través de esa característica espiritual que antes creía que le faltaba o que necesitaba. Por ejemplo, si quiere confianza, tiene que tener confianza, para alcanzar sus metas y deja de querer, o de necesitar tener confianza, entonces percibirás sus experiencias pasadas aquí en la vida mortal a través de los ojos de la confianza. Otra ilustración: si quiere, necesita o tiene que tener autoestima para alcanzar sus metas, cuando deje de querer, necesitar o tener que tener autoestima para alcanzar sus metas, esta será libre de salir a la superficie una vez más desde el interior donde ha estado debajo de su experiencia de vida mortal. Ahora verán esos recuerdos y/o esas experiencias a través de la nueva percepción de la autoestima.

Mientras se preparan para hacer esta tarea, tengan un cuaderno y un lápiz o un bolígrafo. Escriban mientras se escuchan hablar. Anote especialmente cuando se escuche a sí mismo decir "quiero", "necesito", "tengo que tener". Resuma cualquier característica espiritual que quiera, necesite o tenga que tener en relación con la situación o el objetivo que esté discutiendo. Escriba también lo que los demás quieren, necesitan o tienen que tener que también son características espirituales del hombre en los demás en relación con cualquier situación o meta que estén discutiendo. Una vez que usted haya tomado nota de estos, repáselos con los demás. Hable con usted mismo sobre ellos. Después de haberlas anotado, procesa cada una individualmente. Prepárese para eliminar el "deseo", la "necesidad" o el "tengo que tener". Recorra las sub-modalidades de los sentidos. Simbolice el "querer", el "necesitar" y el "tener que tener" a través de cada uno de los seis sentidos:

Pregunte lo siguiente para cada uno de los sentidos: "Si tuviera.....qué sería".

Olor   Energía   Textura   Sabor   Color   Sonido   Forma

Ahora deje de lado los símbolos combinados que ha simbolizado a través de los sentidos. Libere el deseo, la necesidad y el tener que tener. No deje de lado la característica espiritual. Libere el deseo, la necesidad o el tener que tener tal como lo ha simbolizado a través de los sentidos. Haga el desprendimiento visualizando los símbolos combinados desprendiéndose en las seis direcciones: arriba, abajo, izquierda, derecha, adelante y atrás. Esta es una manera muy simple, pero muy poderosa, de eliminar el "querer", de liberar la carencia o la percepción de falta de características espirituales.

Otra forma de tratar con el querer, el necesitar, el tener que tener, es repasar las preguntas basadas en los sentidos con respecto al querer, el necesitar y el tener que tener. Escriba los símbolos que ha utilizado para representar el querer, el necesitar y el tener, y su experiencia con el proceso de liberación de las seis direcciones. Ahora procesa las preguntas basadas en los sentidos en relación con el querer, el necesitar y el tener: Dónde, Quién, Por qué, Qué, Cómo, Cuál, Cuándo.

También hay palabras que puede empezar a utilizar para reemplazar las palabras "querer", "necesitar" o "tener que tener". Las palabras que lo invitamos a comenzar a utilizar en lugar de las palabras de adicción son:

    Haré   Puedo   Podría   Hacer   Practicar   un

Tenemos los atributos espirituales necesarios para afrontar cualquier reto en nuestra vida, el inconsciente, al ser inocente, es responsable de que nos centremos en la carencia; cuando hablamos del querer, el necesitar y el tener que. La creencia viene del consciente (a través de la afirmación de querer, necesitar y tener que) hasta el inconsciente, diciendo al inconsciente que hay una carencia en la vida en las áreas de amor, confianza y otras características espirituales. El inconsciente escucha la "carencia" e inmediatamente comienza a centrarse en la misma. Por lo tanto, "quiero", "necesito", "tengo que tener... amor, paciencia u otros atributos espirituales es percibido por el inconsciente como una orden para enfocar al consciente en el "quiero", o "necesito" y no juzga lo correcto de lo incorrecto o lo bueno de lo malo. El inconsciente no entiende lo correcto de lo incorrecto o lo bueno de lo malo. El inconsciente simplemente es así. Sólo responde como se le ordena. El proceso es así de simple. El inconsciente es así de inocente. Si el inconsciente supiera lo que está bien y lo que está mal como lo hace el consciente, entonces las funciones del inconsciente se operarían a partir de programas que diferencian las funciones basadas en creencias de lo correcto y lo incorrecto. En otras palabras, nuestra respiración como función inconsciente sería evaluada para determinar el aire bueno del aire malo. Basándose en las creencias sobre lo bueno y lo malo, el inconsciente sabría anular la respiración en el aire malo, basándose en la creencia de que el aire es malo, y el cuerpo se vería perjudicado por él. Es en beneficio del cuerpo, que el inconsciente no distinga el aire bueno del malo y que podamos seguir respirando en atmósferas menos perfectas. Este ejemplo nos muestra que la sabiduría involucrada en la programación del hombre mortal a fin de que la provincia autónoma para el propósito inconsciente de la respiración no se base en un programa de elección personal como lo es la programación consciente.

El inconsciente debe tener el permiso consciente para cambiar. Se depende del Consciente para hacer el juicio apropiado porque el Inconsciente no tiene el juicio. Por lo tanto, no distingue el bien del mal. El Inconsciente es programado por el Consciente y luego responde como el Consciente le ha ordenado. ¿Dejaría de latir un corazón si estuviese mal y el Inconsciente supiese lo que el Consciente sabe sobre la muerte? ¿Dejaría de latir nuestro corazón y dejaríamos de respirar si nuestro Inconsciente supiera que el aire es malo? ¿Dejaría de latir nuestro corazón si estuviera herido? Parece una tontería, ¿no? El lenguaje es una función inconsciente. Simplemente hablamos. Abrimos la boca y las palabras fluyen. Conscientemente sabemos que las palabras que pronunciamos tienen un significado concreto, pero el proceso del lenguaje no suele ser un esfuerzo consciente. A veces, para enfatizar un punto, formamos frases conscientemente. A veces, sobre todo hoy en día en el mundo jurídico, el significado de las palabras adquiere una enorme importancia. En algunos casos judiciales, una palabra equivocada puede cambiar por completo un caso judicial. Las palabras tienen un enorme poder.

Lo mismo ocurre con las palabras que pronunciamos. Son una representación literal de nuestra experiencia vital. No hay dos personas que hablen exactamente igual. No hay dos personas que estructuren sus frases exactamente igual. Las palabras que pronunciamos en la forma en que lo hacemos es una cuestión de preferencia personal basada en el programa inconsciente que introducimos en su base de datos de nuestro ordenador personal; nuestro Inconsciente.

Nuestros programas inconscientes se basan en nuestras percepciones conscientes de nuestras experiencias en la vida, instaladas a través de nuestros sentidos, basadas en nuestras percepciones de la vida.

Tenga la mente abierta, practique las técnicas, aplique la información a su vida y descubra qué diferencias se producen en su vida. Comience, ahora, para su propio beneficio, a tomar el control de forma consciente sobre algo que comenzó como una función consciente. No nacimos sabiendo hablar este lenguaje humano. Nacimos sabiendo cómo retener los latidos de nuestro corazón, respirar, continuar la circulación de la sangre. Nuestro lenguaje, aunque ahora es una función inconsciente, en su momento fue aprendido conscientemente. No nacimos con la capacidad de hablar el lenguaje humano. Aprendimos a través de la experiencia de vida de los que nos rodean cómo hablar el idioma que hablamos hoy, y que la vida tiene un significado, y que la misma vida de hoy representa una gran cantidad de nuestra experiencia de vida, nuestra percepción de la vida a medida que hemos crecido para vernos a nosotros mismos, a los mundos que nos rodean y a los demás que nos rodean cómo nos relacionamos con estos e interrelacionamos a través de nuestra experiencia de vida.

    Necesitar   Querer   Tener que

Practique esta técnica y escriba mientras habla lo que quiere, lo que necesita y lo que tiene que tener que son características espirituales. Esperamos verlo con un bloc de notas y un bolígrafo o un lápiz a medida que avanza por los grupos/entrenamientos, y a través de los días y las noches. En cualquier momento que usted esté interactuando, esperamos verlo con un cuaderno de notas y un bolígrafo o un lápiz. Esperamos que escriba lo que quiere, necesita, tiene que tener, que son características espirituales. Se espera que usted comparta estas cosas en los grupos/entrenamientos y con sus consejeros/entrenadores primarios, las cosas que usted ha descubierto que son su deseo y su basura. Los símbolos que ha elegido, a través del sentido que ha elegido para describir su querer, etc. los procesos de cuestionamiento a través de los sentidos en lo que respecta a su querer, su necesidad, su tener que tener. Practique esta técnica. Comience aquí y ahora a tomar el control consciente de ese lenguaje que tan fácilmente hablamos. Para que esas creencias que son limitantes o dañinas, como que no merezco la paz, que no merezco ser querido, etc. sean cambiadas por esas creencias al cambiar su lenguaje. Otros materiales de esta lección son la simbolización a través del proceso de los sentidos y la liberación de las seis direcciones y las preguntas basadas en los sentidos.

LENGUAJE ADICTIVO

Asumir el control consciente de nuestro lenguaje

1. INTENTAR - Sólo INTENTAR. INTENTAR

INTENTAR implica un miedo al fracaso, una expectativa de fracasar.

Demostración: Junte las manos. Intente con fuerza separar las manos. Inténtalo aún más, y cuanto más lo intentes, más difícil será separar las manos.

En la palabra INTENTAR está la pre-suposición de la expectativa de fracasar.

Sustituya la palabra INTENTAR por las palabras PRACTICAR, TRABAJAR, HACER

Las siguientes palabras son Palabras Adictivas e implican estar sin:

1. QUERER (Palabras parecidas al Deseo y a la Ganas)

2. NECESIDAD

3. DEBE TENER

El inconsciente impone la carencia. El uso de las palabras anteriores le da el mensaje al inconsciente para que imponga la carencia que implican esas palabras. El "periscopio de la realidad" del inconsciente percibe la realidad y ajusta su percepción para que se centre en la carencia y así, como todo aquello en lo que ponemos nuestra energía aumenta, conlleva una mayor percepción de la carencia.

QUERER

Proceso de Liberación

NECESITAR   Simbolizar a través de los 6 sentidos lo que se quiere,

DEBO TENER

Si (querer, necesitar, deber tener) tuviera un… ¿qué sería?

Olor	Sabor	Color	Textura

Energía	Forma Nombre	Sonido

QUIERO, NECESITO, DEBO TENER

Estas palabras son apropiadas para las NECESIDADES FÍSICAS, como conseguir una bebida o agua.

En cuanto a los resúmenes espirituales como:

Amor	Paz	Alegría	Paciencia	Coraje	Autoestima

Dado que somos seres espirituales que tienen una experiencia física, en lugar de seres físicos que buscan una experiencia espiritual, todos los resúmenes espirituales están dentro de nosotros…

Pueden estar ocultos.

Pueden estar cubiertos por nuestros desechos. Pueden perdurar en forma de embrión dentro de nosotros.

¡ESTÁN DENTRO DE NOSOTROS!

Por el efecto o mensaje que el inconsciente recibe de nosotros cuando usamos las palabras de adicción, continuamente ampliamos nuestra experiencia carente.

Las palabras son una representación inconsciente de nuestros VALORES, CREENCIAS Y HÁBITOS.

El lenguaje es una representación inconsciente de la suma total de nuestras experiencias vitales.

EXCEPCIÓN: Un esfuerzo consciente para colocar las palabras juntas en una estructura particular.

ESTO Aquí, ahora (presente) más cerca, asociado, enfocado.

ESO Allí, pasado, más lejano, disociado, desenfocado.

EJERCICIO: Respire profundamente 3 veces. Con el dedo índice de una mano golpee su pecho 3 veces mientras dice la palabra ESTO. Observe su respuesta emocional personal. Ahora repita este ejercicio diciendo la palabra ESO. Tome nota de su respuesta emocional personal.

AÚN............... La Política de Puertas Abiertas.

El uso de la palabra TODAVÍA/AÚN, presupone que la tarea se hará. Todavía no he fregado los platos.

No he terminado los deberes implica que es posible que no se terminen.

Añadir la palabra AÚN implica que se realizará.

INOCENCIA EN ------------------ SIN SENTIDO DE niño EL YO DESEANTE.

Capítulo 4

EL SER CONDUCE AL TENER

Somos seres ilimitados. Con sólo utilizar el 10% de nuestro cerebro, seremos genios. El hombre nunca podrá duplicar exactamente la parte subconsciente de nuestra masa cerebral. Nuestras ondas mentales conscientes son más poderosas que el Wi-Fi. Los códigos químicos de nuestras emociones codifican sus huellas a través de nuestras ondas mentales en los demás. Somos energía pura y verdadera y, como tal, nunca dejaremos de existir. Es enteramente nuestra elección en lo que nos convertimos, no estamos limitados por ninguna carencia potencial. Sólo estamos limitados por nuestras propias creencias auto-limitantes.

El hombre ha sido parcial a sus propias sabidurías y conocimientos desde que comenzamos la vida en la tierra. Seguimos dependiendo de los conocimientos de otras personas para guiarnos.

El potencial del cerebro humano es ilimitado.

Nuestra cultura materialista y capitalista engendra, promueve y apoya una identidad de la que carece esencialmente; conocida como "el yo que quiere". Esto se hace mediante su culto a los resultados, su orientación profesional y laboral, y su insaciable necesidad de productividad. La mayor parte de los Estados Unidos sigue abrazando la Ética Protestante del Trabajo y por ello han aceptado tácitamente la siguiente fórmula:

EL HACER CONDUCE AL SER QUE CONDUCE AL TENER;

Realizar o ejecutar acciones guía el camino y corrige el curso en función de nuestra calidad y el estado de contar con una existencia que guía el camino y corrige el curso de nuestro mantenimiento de posesiones, privilegios y derechos.

Este enfoque de la vida basado en el "afuera" ha traído mucha satisfacción, éxito y prosperidad, pero ya no es adecuado como modelo de éxito hoy en día.

Esta fórmula de la Era Industrial ha sido sustituida por la Fórmula de la Era de la Información:

SER LLEVA A HACER QUE LLEVA A TENER;

La cualidad o estado de tener una existencia realiza acciones y guía el camino corrigiendo el rumbo, realizando y ejecutando acciones que guían el camino corrigiendo el rumbo para mantener nuestras posesiones, privilegios y derechos.

Este es un Enfoque de Dentro hacia Fuera y sin embargo no es suficiente, ya que sigue estableciendo una separación entre el Interior y el Exterior. Lo que se necesita es un Enfoque Integrado que no sólo vincule el Mundo Interior con el Exterior sino que pueda describir las conexiones íntimas entre ambos. Se trata de un Enfoque de Sistema Completo, su fórmula es:

SER CONDUCE A TENER

La cualidad o el estado de la existencia guían el camino, corrigiendo el rumbo como la función para indicar el movimiento o la acción manteniendo así las posesiones, el privilegio y el derecho.

Observe que falta el Hacer. La pregunta lógica sería: ¿Quién hará lo que hay que hacer? Un mundo no puede funcionar sin acción, sin que alguna parte del sistema haga algo. La inactividad, al parecer, da lugar a la Nada. Para entender este planteamiento aparentemente imposible, es importante observar las dos premisas siguientes:

PREMISA #1: USTED ES EL UNIVERSO

PREMISA #2: EL UNIVERSO ESTÁ HECHO PARA SU ÉXITO

Si no hay separación entre usted y el universo, y éste es realmente una extensión de usted y de su conciencia, y si está diseñado para su éxito; entonces, al igual que su mente puede hacer que sus manos recojan un vaso de agua, el universo puede moverse de tal manera que sus sueños y deseos se cumplan. En otras palabras, el universo se reorganiza para acomodar su imagen de la realidad. Para ser más exactos, sería mejor decir su "modelo" de la realidad.

Así pues, si usted cambia su modelo fundamental de la realidad, su visión del mundo, se produce un cambio; un conjunto de acciones correspondientes por parte del universo. Una flor hace muy poco, libera un olor dulce que atrae a las abejas orientadas a la acción. Observe que los líderes hacen muy poco trabajo manual en comparación con los que hacen el trabajo duro en una organización. Tradicionalmente sus tareas son más mentales, y más recientemente muchos expertos creen que se han vuelto de naturaleza más espiritual. ¿Qué tipo de visión del mundo hace surgir estas visiones espirituales de un futuro convincente?

¿Con cuál de estos tres niveles se identifica más?

- El Fundamento Metafísico que implica la sustancia y las fuerzas activas.
- La Gravitación Universal (en lugar de la conservación de la misma).
- Realidad más allá de lo perceptible por los sentidos humanos.

Fuerza impresa - La fuerza no es una propiedad interna de un solo cuerpo por la que éste determina la evolución (temporal) de su propio estado futuro. La fuerza es una acción de un cuerpo sobre otro esencialmente distinto por la cual el primer cuerpo cambia el estado del segundo. Lejos de ampliar el estado de movimiento de un solo cuerpo, la fuerza no tiene nada que ver con el estado de movimiento del cuerpo que la ejerce. La fuerza expresa una relación de Interacción Real entre dos cuerpos en la que un cuerpo cambia el estado de movimiento del otro.

Tercera ley de Newton: El equilibrio entre la acción y la reacción. Cada cambio en la calidad del movimiento de un cuerpo se contrarresta con el cambio correspondiente en la cantidad de cambio de movimiento de un segundo cuerpo, donde el primer cuerpo es la causa del cambio de movimiento del segundo cuerpo y viceversa la 3ª ley expresa una interacción comunitaria o real (dinámica) de la materia (sustancias). (Momento, o masa multiplicada por la velocidad) Dando sentido al movimiento mismo. (Los movimientos verdaderos) en un sistema de cuerpos (correspondientes) que interactúan son como el marco del centro de masa del sistema que hacen verdadera la 3ª ley.

El significado del concepto de masa es sencillo de resolver mediante una definición del concepto de verdadero para el movimiento absoluto. Aplicar la ley del movimiento a lo observado. Las leyes del movimiento se basan en última instancia en el a priori de condiciones de posibilidades de la experiencia. Estos hechos describen las condiciones a priori que en primer lugar hacen posible el pensamiento empírico objetivo. (Tener distancias cortas desconocidas entre sí con fuerzas definidas que se extienden hasta el infinito). (Pueden aparecer como constantes opacas).

Sistemas Abierto y Sistemas cerrados; básicamente, ya no somos sistemas abiertos. Somos sistemas cerrados y nuestros límites no son permeables, por lo tanto no tenemos la capacidad de ejercer ninguna fuerza de nuestro ser para tener éxito. Como sistemas cerrados estamos aprisionados en nuestras propias creencias auto-limitantes y seguiremos repitiendo nuestros mismos fracasos.

SISTEMAS ABIERTOS Y CERRADOS

Los seres humanos somos, por naturaleza, sistemas abiertos. Hemos sido creados como sistemas abiertos. Somos seres siempre existentes, ilimitados y potenciales, destinados a ser sistemas abiertos. Los sistemas abiertos son entidades abiertas a la retroalimentación con límites permeables y flexibles. Por el contrario, los sistemas cerrados no están abiertos a la retroalimentación y, por lo tanto, no permiten la entrada de nueva información. Los sistemas humanos cerrados, ya sean individuos, organizaciones o sociedades, son sistemas adictivos.

En la naturaleza, el éxito se consigue mediante la auto-organización. Si el proceso natural de auto-organización es reprimido, el sistema comienza a deteriorarse. Para mantener una tendencia ascendente, las personas y las organizaciones recurren a métodos que fuerzan y dominan el sistema. Esto requiere grandes cantidades de tiempo y energía para lograrlo y, en última instancia, es contraproducente.

Una vez que el sistema está en declive, entran en juego las fuerzas naturales, cuyo único propósito es llevar el sistema a un estado de desorden aleatorio para que el sistema se abra.

Los indicadores conflictivos entre las funciones conscientes y subconscientes ocurren mucho, se puede enseñar a los conscientes a leer a los subconscientes y a identificarlos.

En un sistema cerrado, el propósito de las anomalías es conseguir que el sistema se abra de nuevo.

Si estamos funcionando como un grupo abierto y alguien dice algo en contra o que se opone, decimos gracias, enséñanos Haexperiencia y veamos si hay algo o nos falta algo que podamos aprender. Reconociendo algo de nosotros mismos y mirándolo.

Al hacer nuestra afirmación y nuestras preguntas, ya tenemos nuestras respuestas dentro de las palabras que usamos.

Somos eventos cuánticos en el campo unificado, impulsos de inteligencia que han aprendido a crear todo este universo y por eso nosotros, como seres humanos, no somos autónomos. Sino de hecho, puntos focales en el Campo Unificado.

Como es el átomo, así es el Universo. Como es el cuerpo humano, también es el cuerpo cósmico.

El subconsciente tiene funciones que realiza y patrones en los que procesa sus diferentes funciones. El subconsciente no tiene la capacidad de hacer funciones conscientes. Las funciones conscientes son cosas como percibir, evaluar, juzgar y decidir. El subconsciente maneja los órganos y sistemas del cuerpo y ejecuta otros programas para el consciente, de modo que éste no tiene que estar al tanto de todo en cada momento. Cuando el consciente ha percibido, evaluado, juzgado y decidido diferentes experiencias en un patrón repetido durante un periodo de tiempo, estas repeticiones se convierten en funciones subconscientes que nos suceden en micro segundos. Entonces simplemente nos convertimos en las personas que hemos percibido, evaluado, juzgado y decidido ser a nivel consciente. Cuando estos programas funcionan, son muy buenos para nosotros a nivel consciente. Cuando no funcionan bien para nosotros es debido a los programas subconscientes que se disparan a nivel consciente y que hemos percibido, evaluado, juzgado y decidido que no funcionan para nosotros. Estos no son disfunciones en el subconsciente ni son problemas de otras personas, ni el momento equivocado del día o del mes o cualquier otra cosa.

Para que un bebé tenga siquiera una actitud, que es la primera expresión conscientemente reconocible que tiene un bebé. Se muestra como una sonrisa o un movimiento de los músculos faciales de alguna manera que permite ver una expresión de alegría o tristeza, o alguna otra expresión relacionada con la actitud o la experiencia. Estas expresiones del bebé son indicaciones de los programas humanos que se están iniciando en el subconsciente acerca de la experiencia de vida del bebé. Para tener incluso una ligera actitud, se necesitan unos 50 programas de creencias centrales en el subconsciente. Los programas de creencias centrales consisten en miles de impulsos neuronales por cada creencia central en el cerebro y luego en todo el resto del sistema nervioso central. Así, una pequeña actitud a nivel consciente consiste en cientos de miles de impulsos neuronales a nivel subconsciente en micro segundos. Luego, a medida que crecemos y aprendemos más, como el lenguaje, estas palabras del lenguaje se convierten en partes importantes de estos impulsos neurológicos en todo nuestro cerebro y sistema nervioso central. Otras experiencias sensoriales, además de las palabras, también se convierten y son una parte importante de nuestros programas e impulsos neurológicos, la importancia del lenguaje es que es una forma consciente de comunicarnos regularmente.

Su mente y su cuerpo están diseñados y funcionan en apoyo de usted. Su pensamiento consciente crea sus programas subconscientes.

Su mente está formada por su consciente, su subconsciente y su subconsciente creativo.

Su cerebro consiste en su sistema límbico, (el sistema de activación reticular), sus ondas cerebrales afectan a su impresión celular.

El cerebro no puede distinguir entre una experiencia real o una que es vívida y emocionalmente imaginada. El cerebro se ajusta al nivel de actividad que corresponde a la tarea que está realizando. El cerebro aprende hábitos y patrones a través del refuerzo continuo. A lo largo de un día realizamos muchos tipos de actos diferentes. Algunos los hacemos mejor que otros. Los que hacemos mejor son los que hemos aprendido a través de patrones nerviosos establecidos y bien constituidos. (Repetición).

Capítulo 5

SÓLO ALTERA LA CONCIENCIA

Pensamiento

Incluye la auto-conversación

300-400 palabras por minuto

Percepción sensorial

Visual

Auditivo

Tacto

Olor

Gusto

Energía

Auto/tiempo

Conceptual, Conceptos Abstractos.

Emocional, tiene un sentimiento con un pensamiento.

El subconsciente creativo mantiene la cordura haciendo coincidir su imagen interior de la realidad con la "realidad" exterior. Así como en el interior, también en el exterior. Mire a su alrededor y ¿Qué es lo que ve? Usted ve exactamente lo que está dentro de sí mismo. Si no le gusta la "realidad" que hay fuera de usted, debe cambiar su "imagen interior de la realidad" y, como por arte de magia, la "realidad" que hay fuera de usted cambiará.

La realidad de su mundo es la realidad requerida para mantenerlo "equilibrado" basado en su realidad interna, su programa/modelos. Lo que usted cree en sus propios programas es lo que será la realidad de su mundo. La conciencia puede ser utilizada en un grado mayor, incluso por alguien considerado como un genio. El consciente puede anular el subconsciente y cambiar las realidades de la visión propia. Es capaz de aprender las funciones, estructuras, patrones y procesos del subconsciente. El Consciente puede operar la placa madre de todo nuestro ser, cambiando y controlando nuestras realidades a su antojo. El consciente percibe y el percibir lleva a la acción por parte del consciente, la acción decide la dirección. La conciencia evalúa y juzga, estos aspectos de la conciencia no requieren ninguna acción por parte de la misma, simplemente un mayor cuestionamiento de los datos de lo que podríamos hacer normalmente. Por último, pero no por ello menos importante, el consciente decide, decidir requiere permitir que otros actúen. Un patrón sencillo para ayudar a que las funciones conscientes se correspondan con las subconscientes. Practique haciendo esto y note las diferencias en sus realidades sobre la visión del mundo y eventualmente de las creencias y el programa/modelos de la visión propia.

Tomar un mayor control consciente de las funciones subconscientes es una manera increíble de convertirse en un ser más grande a sí mismo. Ser capaz de reconocer sus propias respuestas subconscientes y las de los demás a la realidad de la visión del mundo aumenta literalmente su coeficiente intelectual medible.

Disfruto cuando la gente pregunta cómo serán cuando empiecen a hacer estas cosas, porque puedo decirles la verdad: "No lo sé". Sólo sé que empezarán a convertirse en su verdadero yo empezando a alcanzar su potencial ilimitado.

El Subconsciente Creativo toma cualquier evento, experiencia o proceso y crea un pasado y un futuro para el evento.

Genera impulso y energía.

Resuelve los problemas de forma creativa.

El subconsciente creativo Mantiene la cordura haciendo coincidir sus acciones con las imágenes del subconsciente. Crea impulso y energía, de modo que si la imagen en el subconsciente no coincide con lo que usted percibe ahora, se crean nuevas imágenes. Resuelve problemas de forma creativa. Clasifica toda la información aparentemente no relacionada almacenada en el subconsciente para encontrar una solución.

¡¡¡La mente subconsciente tiene su propia lógica; Usted no le dice qué o cómo funcionar!!! Usted puede leerlo conscientemente y puede controlar conscientemente los programas que ejecuta con su pensamiento consciente, incluso puede crear nuevos programas conscientemente. Pero no puede cambiar la forma en que está creada para funcionar y operar.

El subconsciente es la Mente Subjetiva, lo que significa que está sujeto a todos los datos que llegan, incluyendo los pensamientos conscientes. Fue descubierto como un modo separado de conciencia debido al trabajo de Mesmer 1840-1850. Funciona como un guardián de registros de todo, literalmente, y no edita lo que sucedió ni lo que se dijo a sí mismo sobre lo que sucedió, ni cómo se sintió sobre lo que sucedió. Es un banco de memoria y almacena permanentemente palabras, imágenes, experiencias y emociones. Es el constructor del cuerpo y mantiene funciones automáticas como los latidos del corazón, la respiración o la digestión. También puede controlar la hora de la muerte. Es la base de nuestras emociones y nuestras emociones gobiernan la fuerza de nuestros deseos y nuestros deseos gobiernan nuestros comportamientos. Es la base de la imaginación y la imaginación creativa es uno de los mayores secretos de nuestro éxito. Es el hogar de la imagen de uno mismo, de las experiencias repetitivas, de las emociones y de la autoconciencia. Son las actitudes y creencias sobre nuestro yo y los demás. El aprendizaje automático proviene de esto se convierte en automático por la repetición como caminar, bailar, hacer deportes de conducción.

Si quiere decirle al subconsciente la manera de operar sus programas, entonces cambie sus programas. Comience por cambiar su pensamiento.

Algunas personas piensan en palabras, las palabras son algo que tenemos que aprender después del nacimiento. Algunas personas piensan en imágenes. Sin embargo, las palabras son una forma importante de comunicación. Las palabras son la forma de escribir. Hace siglos, la gente escribía con imágenes, que se llamaban jeroglíficos. Las 50 creencias básicas que necesita un niño para tener una actitud crecen a medida que crecemos, pero no se convierten en creencias básicas diferentes. Se convierten en creencias centrales más desarrolladas pero tienen los mismos impulsos neurológicos originales y la misma creencia central original. Cuando se trabaja con las creencias centrales siempre se hace en la etapa infantil y el trabajo con las creencias centrales sale en expresiones verbales con frases simples que hubiéramos dicho cuando éramos bebés.

Además, el subconsciente no ordena ninguna de esas experiencias, percepciones, interpretaciones, cualquier cosa que entre en el mismo pertenece. El consciente puede y a veces lo hace. Pero lo que ocurre en el nivel consciente, lo conocemos conscientemente, mientras que lo que ocurre en el nivel subconsciente, no lo conocemos conscientemente. Por lo tanto, ya sea un bebé, un niño pequeño, un adolescente o un adulto, el consciente tiene que procesar lo que el individuo percibe, evalúa, juzga y decide en sus procesos y las percepciones, evaluaciones, juicios y decisiones de los demás son de los demás. Si el consciente no hace esto, el subconsciente tampoco lo hará. Por lo tanto, lo que otros perciben, evalúan, juzgan y deciden puede ser fácilmente programado en el subconsciente y salir como los individuos cuando no es de ellos en absoluto. Dejando que muchos de nosotros no nos conozcamos a nosotros mismos con respecto a nuestras percepciones, evaluaciones, juicios y decisiones. El subconsciente es una herramienta para el consciente. El subconsciente dirige las funciones del cuerpo para que el consciente no tenga que estar pendiente de los impulsos térmicos, la respiración, la circulación o la digestión. Y una vez que procesamos repetidamente de una manera determinada nuestras funciones conscientes de percepción, evaluación, juicio y decisión, el subconsciente acepta estos programas para una función consciente y los ejecuta a través de sus impulsos neurológicos, y simplemente así es...

Muchas palabras sólo se basan y se clasifican dentro de nuestros sentidos humanos. Basado en las cosas que oímos, vemos, olemos, saboreamos, sentimos y las energías que percibimos, evaluamos, juzgamos y decidimos. Los impulsos neurológicos sensoriales tienen patrones generales consistentes que se realizan en el subconsciente en micro-segundos. Dependiendo de qué sentido humano se active primero, hay un patrón consistente de sentidos que se activarán automáticamente después de que se active el primer sentido humano. Estos patrones pueden ser heredados, basados en la cultura y en la experiencia, y también prevalecen en relación con los patrones de otras personas cuando citamos o imitamos a otro ser humano. Por lo general, hay una forma exitosa en la que el subconsciente emite impulsos neurológicos a través de la información sensorial y, de nuevo, dependiendo del sentido que se haya activado primero, hay formas en las que el subconsciente emite impulsos después del primer sentido que se ha activado y que no funcionan bien para el individuo.

FUNCIONES SENSORIALES

Funciones, Procesos y Programas Conscientes:

1: Percibir (5, 7 o 9 elementos cada 0,22 de segundo)

2: Evaluar las percepciones

3: Juzgar las evaluaciones

4: Decidir en base a los juicios.

El cerebro humano es una increíble máquina. Se ha estudiado durante siglos. Al mismo tiempo, cualquiera que mirara la parte subconsciente del cerebro humano era considerado raro, inusual, ya que el subconsciente era considerado oscuro o malvado. Los seres humanos no son oscuros ni malvados ni la parte de su cerebro que los mantiene en marcha es oscura ni malvada. Aunque el consciente percibe, éste no percibe nada que no haya sido ya programado para percibir. Todo lo que el consciente está programado para percibir ya ha sido percibido por dicho consciente, evaluado y juzgado por éste y ya está en un programa en el subconsciente o flotando a través de nuestra neurología y esperando más repeticiones y composiciones para convertirse en un programa en el subconsciente. Después de haberse convertido en un programa en el subconsciente, entonces, viene al consciente tal como ya lo programamos de forma consciente para que llegue desde el subconsciente. No nacemos ya programados. Nacemos con habilidades y ciertamente el ADN tiene más que ver con esto de lo que se sabía antes de la investigación del ADN. Nuestras percepciones conscientes, juicios de evaluación y decisiones se basan en gran medida en las entradas sensoriales que tenemos en nuestro entorno. Los estímulos sensoriales repetidos y compuestos durante un periodo de tiempo junto con el pensamiento consciente respecto a dichos estímulos sensoriales crean los programas. Estos programas no son programas conscientes. Si lo fueran, estaríamos constantemente pendientes de cada programa, lo que nos volvería bastante locos al tenerlos todos corriendo por nuestra mente consciente. Estos programas permanecen en nuestras mentes subconscientes y surgen cuando son necesarios y programados por nuestras mentes conscientes.

Introduzca una palabra clave en su computadora para realizar una búsqueda sobre las funciones cerebrales y obtendrá millones de resultados. Un reciente artículo de investigación de una importante universidad de Estados Unidos, en la que se ha estudiado durante años el cerebro humano y el sistema nervioso central y límbico, afirma que el cerebro humano es la pieza de equipo más complicada jamás descubierta en la tierra.

Los procesos:

El consciente es la parte de nosotros que pasa por lo que se conoce como Estados Alterados, Muchas veces, cuando se utiliza el término Estado Alterado, la gente piensa en el subconsciente. Sin embargo, es la mente consciente la que pasa por Estados Alterados. El subconsciente continúa en el mismo estado ya sea que estemos despiertos, dormidos o incluso en coma. El consciente se altera, no el subconsciente.

El consciente, en sí mismo, originó tener Estados Alterados.

BETA: es el nivel en el que el consciente realiza ciclos a través de sus funciones a unos 14 ciclos por segundo y más. La mayor parte de la actividad se realiza cada 20-22 ciclos por segundo. Si el cerebro consciente supera los 50 ciclos por segundo, se está en un estado de histeria. Beta es el nivel en el que estamos despiertos, haciendo nuestras funciones regulares de trabajo, tareas y actividad.

ALFA: es el siguiente nivel de conciencia. ALFA es el mismo ciclo por segundo en el que se mueve la energía de la tierra. Entre 7 y 14 ciclos por segundo. Alfa es el estado de conciencia en el que uno debe estar para soñar despierto, imaginar o meditar.

THETA: Está entre 4 y 7 ciclos por segundo. El consciente debe estar en este estado para que una emoción se registre en el hipotálamo, (sistema límbico). Este estado permite mezclar las sustancias químicas del cuerpo para que la emoción se registre o se libere del sistema límbico. Theta es el nivel de conciencia para un clímax sexual.

DELTA: Las frecuencias cerebrales son menores que Theta, por debajo de 4 ciclos por segundo. Se considera un estado de inconsciencia. También se denomina sonambulismo.

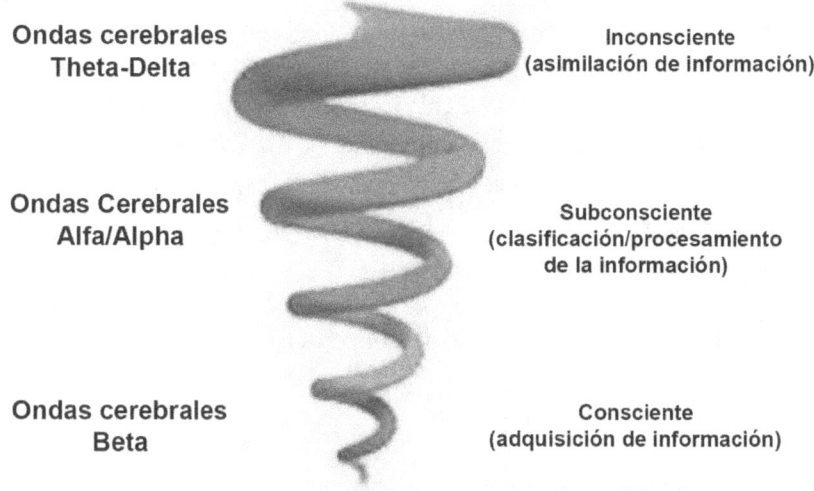

Cuando dormimos, podemos pasar por estos diferentes estados de conciencia cada 30 a 49 minutos de ida y vuelta. Un patrón de sueño normal puede ir de Beta, completamente despierto, a Alfa, un poco adormecido, a Theta, a Delta, un estado de sueño profundo, de nuevo a Theta, luego a Alfa, incluso completamente despierto y de nuevo a dormir. Diferentes personas adquirirán diferentes patrones de sueño, pero los niveles de entrada y salida de la conciencia y de ida y vuelta son consistentes, incluso si el ciclo del individuo a través de los diferentes estados es muy individualizado.

Cuando nos despertamos y recordamos nuestros sueños hemos pasado de THETA o DELTA a un estado ALFA o BETA. Cuando hemos dormido, aunque sea poco tiempo, hemos soñado. Los sueños son el resultado de las funciones normales del subconsciente, TDS. El TDS es una búsqueda transderivacional. El sistema nervioso central, una parte importante de nuestro subconsciente, está trabajando constantemente, al igual que los latidos de nuestro corazón, nuestra respiración y otras funciones. El TDS es el sistema nervioso central funcionando en todo nuestro cuerpo, procesando información que flota libremente en todo nuestro sistema nervioso central. Esto se hace siempre, al igual que otras funciones corporales subconscientes, hasta que dejamos de tener respiración, latidos, TDS y otras funciones subconscientes. El subconsciente procesa esta información que flota libremente para ponerla en los archivos que considera apropiados para procesar la información. Mientras este proceso ocurre, incluso cuando estamos dormidos, la información que flota libremente está disponible para el acceso consciente. Para recordar la información que se procesa (sueños), tenemos que pasar de un estado consciente de 4 a 7 ciclos (theta) o de un estado consciente de 4 ciclos (delta) inmediatamente a un estado de 14 ciclos (beta) por un estado de 7 a 14 ciclos (alfa). Si nos despertamos más rápido, no recordamos nuestros sueños.

Funciones, procesos y programas del subconsciente:

Funciones de los órganos internos.

Sistemas nerviosos central y límbico.

Sistema límbico registra, respuestas emocionales, palabras soeces, excepciones a la mente, cuerpo, funciones y programas de las emociones. El sistema límbico hace que estas respuestas funcionen en el cuerpo, en el individuo. El hipotálamo es el cerebro de las funciones del cuerpo y el movimiento muscular.

Hemisferio derecho registra opciones, creativo. Hemisferio izquierdo registra Datos, rutinas.

Datos, información, Registra todo.

Capítulo 6

INTELIGENCIA Y CREENCIA

Durante décadas, los cineastas han hecho películas, incluso en la época de las películas en blanco y negro, sobre robots programados para hacer cosas por el hombre. Películas sobre robots que realmente adquieren la inteligencia suficiente para cobrar vida y superar al hombre. Esto no está tan lejos del concepto del cual el hombre ya está trabajando. Cualquier cosa que esté en nuestra mente consciente, nos damos cuenta de ello cuando está allí. Cualquier cosa de la que no seamos conscientes no está siempre en nuestra mente consciente. Cuando las cosas de las que ya somos conscientes llegan a nuestra mente consciente, provienen de nuestra mente subconsciente. Esto no es un concepto tan difícil de entender. Los programas subconscientes que llegan al consciente fueron puestos en el subconsciente por el consciente. Vaya y aprenda un idioma como el inglés. Aprendes el idioma diciendo repetidamente las palabras y estudiando el idioma. Usted repite esto durante un período de tiempo (que es la parte de composición de la programación subconsciente) y después de un período de repeticiones y composiciones, las palabras simplemente fluyen a su mente consciente cada vez que las necesita y tal vez incluso a veces cuando no las necesita necesariamente. Las palabras no se repiten constantemente en su mente consciente. ¿Dónde se guardan? En su mente subconsciente. ¿Cómo llegaron allí? Los programaste para que estuvieran allí y así poder hablar el idioma extranjero.

Estamos programados para pensar, sentir y responder de ciertas maneras individualizadas, basadas en las entradas sensoriales que tuvimos en nuestro entorno y los pensamientos conscientes que tuvimos sobre las entradas sensoriales y luego los sentimientos que se desarrollaron durante un período de tiempo sobre las entradas sensoriales y los pensamientos. Todo esto se convirtió en programas subconscientes que nos cuesta mucho cambiar cuando llegamos a un punto en el que tenemos un determinado programa que sigue apareciendo en la conciencia y que preferiríamos no tener.

Una persona no puede hacer algo que cree que no puede hacer. Tengo un amigo al que los médicos le dijeron durante años que nunca podría dejar de beber alcohol. Él creía que esos médicos tenían razón. Lo ha dejado hasta cuatro años seguidos y luego ha vuelto al alcohol, recordando que los médicos le dijeron que no podía dejarlo.

Una película con Peter Sellers en ella, llamada Desde el Jardín, al final de la película él camina sobre el agua a través de un estanque. Nadie le dijo que no podía caminar sobre el agua. Me gustó toda la película, pero esta fue mi parte favorita.

La inteligencia no son las cosas que sabemos.

La inteligencia es la forma que tenemos de conocer las cosas.

La inteligencia no es sólo un don. La inteligencia es una experiencia, un viaje. Las palabras que usamos pueden mostrar y aumentar nuestra inteligencia cuando las palabras que usamos ayudan a abrir nuestras formas de conocer. Todos nosotros ya tenemos información ilimitada almacenada en nuestro cerebro. Información que ha estado con nosotros, desde antes de que empezáramos, como seres humanos vivos. Para tener acceso a nuestra información, ya sea que la hayamos adquirido desde que vinimos a la tierra o, si la adquirimos antes de venir a la tierra, debemos tener formas de estar abiertos a tener la información en un nivel consciente. Se dice que no existe un nuevo aprendizaje. Lo que llamamos aprendizaje en sólo recordar. Educar significa que hay que sacar, no meter.

Las cosas que sabemos y podemos aprender son ilimitadas. Las cosas que hay que saber aumentan constantemente, ya que se descubren cosas nuevas todo el tiempo. Así que, justo cuando crees que lo sabes todo sobre una cosa, se descubren cosas nuevas sobre esas cosas a medida que pasa el tiempo. Fíjate en la medicina, el cuerpo, la historia y la informática. La clave no es el número de cosas que conoce un individuo, la clave es la forma que tiene el individuo de conocer.

Hay muchas cosas que pueden bloquear nuestros caminos de conocimiento. Las experiencias de la vida pueden impedirnos conocer, o incluso querer conocer. La vida misma está constantemente enseñando información. En la vida siempre hay información ilimitada. Para empezar, es tan simple como el hecho de que no nos creamos "nada". No podemos aprender de nada, en lo que no creamos, (excepto quizás a través de algunos golpes muy duros). Hay tanta variedad de creencias como de personas. A menudo, las personas con creencias similares tienden a agruparse, juzgando a las personas con creencias diferentes. Las creencias de nosotros mismos limitan nuestra capacidad de aprendizaje. Nuestra propia identidad interna determina no sólo nuestra percepción y realidad, nuestros intereses y enfoque, sino que bloquea incluso las oportunidades de aprendizaje.

Se sabe que muchos de los que el hombre llama genios tenían una imaginación fantástica o salvaje. Platón, Aristóteles, Einstein, por nombrar algunos. Se puede percibir que los profetas de la antigüedad tenían una gran imaginación. Hablando con Dios y los ángeles, teniendo visiones, sueños, viendo el futuro.

La inteligencia y la imaginación van de la mano. Algunos pueden decir: "No tengo imaginación". Otros pueden decir: "No puedo imaginar". Y otros pueden decir o pensar: "No soy inteligente y no puedo imaginar". La Biblia King James: Génesis 11; 7 afirma de Dios: "No se les impedirá nada de lo que han imaginado hacer".

Hay otros en nuestras vidas siempre, compartiendo su conocimiento con nosotros. Nuestra manera de saber puede bloquear totalmente las cosas que ellos pueden tener para enseñarnos. A menudo, dejándonos con nada más que "la escuela de los golpes duros", para aprender las cosas que nos ofrecieron. Como cuando usted u otra persona ha luchado y se ha esforzado por superar un problema. Depresión, ira, cualquiera que sea el problema de la vida. Usted u otros han acudido a otros, de forma profesional, o de apoyo. Ellos comparten su conocimiento y experiencia con usted, y usted puede percibir, creer y aprender su conocimiento y crecer o elige no hacerlo y no crecer a partir de la experiencia de otro. Si encuentra que su respuesta a los demás es de un: "eso ya lo probé", "eso ya lo sé", "no creo en eso", no necesito eso" "eso no me sirve, "no puedo hacer eso", no conoces la forma inteligente de conocer las cosas. No es que las respuestas de todos sean siempre las mismas, aun así hay mucho que aprender sólo de las experiencias de los demás. Tenemos que estar abiertos a las formas de aprender para ganar conocimiento e inteligencia.

Las biografías de muchos personajes famosos comienzan con que no terminaron ni siquiera la educación secundaria, el bachillerato. Con su ridiculización y menosprecio por parte de sus compañeros que trabajaban o estudiaban en el mismo campo que ellos. La señora que inventó la penicilina, Madam Curry. Albert Einstein, tenía una educación de octavo grado y fue ridiculizado por otros en su campo durante años. Al principio, no se consideraba que estas personas tuvieran un alto nivel de inteligencia. De hecho, muchas personas consideradas muy inteligentes hoy en día, cuando miramos hacia atrás, fueron consideradas sin inteligencia cuando comenzaron su viaje para lograr algunas cosas increíbles para la humanidad.

Hay numerosas cosas que pueden impedir que seamos, parezcamos, ganemos o incluso utilicemos nuestra inteligencia. Pero normalmente, estas cosas no son aspectos de la capacidad cerebral ni de la función cerebral en absoluto. La mayoría de las cosas que bloquean nuestra inteligencia son nuestras propias creencias, nuestras actitudes, nuestras percepciones de uno mismo y del mundo.

Por ejemplo, ¿Cómo podemos aprender las formas de mantenernos sobrios, si somos adictos que no creemos, ni nos preocupamos, ni percibimos la sobriedad como algo que vale la pena? Un adicto que no cree que puede dejar de consumir drogas o alcohol o que ni siquiera cree que es un adicto. Estas mismas cosas en nosotros mismos pueden y nos impiden aprender y conocer aquello que probablemente ya hemos aprendido pero que nos impide conocer debido a la forma en que creemos, percibimos y nuestras actitudes.

La actitud no lo es todo. La actitud se asienta y se basa en la creencia central. De hecho, una persona, incluido un bebé, debe tener una gestalt de creencias con respecto a aquello sobre lo que tiene una actitud antes de que pueda tener una actitud sobre una cosa. Las actitudes son sólo indicadores de las creencias. Dependiendo de su actitud o de la de otro, se obtiene una buena estimación de parte de la gestalt o la creencia dentro de uno mismo o de otro. La actitud juega un papel importante en la inteligencia.

Si la actitud es de naturaleza negativa, el camino hacia el aprendizaje y el conocimiento no está abierto y éstos estarán bloqueados y no se producirán.

Si la creencia es de naturaleza cerrada o incrédula, el aprendizaje y el conocimiento no se producirán.

Si el consciente no percibe o no está percibiendo el aprendizaje y el conocimiento, estarán ahí, pero el consciente no tendrá acceso a ellos todavía.

¿Cuántas cosas le han dicho que no puede hacer? Ya sea que se lo haya dicho a sí mismo o que se lo haya dicho otra persona. Las afirmaciones positivas son una cosa. La oración constante o el estímulo a sí mismo son aún más poderosos.

Todos los comportamientos disfuncionales ocurren cuando uno de los tres sistemas o sentidos se apaga o está en exceso.

Las experiencias negativas registradas en la Línea del Tiempo están bien pero cuando los sistemas Límbicos necesitan información de los recuerdos de la Línea del Tiempo las terminaciones nerviosas sinápticas cambian para saltar a los receptores a través del área de almacenamiento de la memoria y todos los químicos negativos son liberados en el sistema del individuo desde esa memoria. Esta respuesta de la memoria es raramente conocida por el individuo que experimenta la respuesta de estos impulsos neurológicos en el subconsciente.

Los recuerdos negativos tienden a quedarse atascados (almacenados) juntos debido a la respuesta emocional común, (sistema límbico, químicos en común), no por el acontecimiento común. Por ejemplo, las emociones de soledad y hambre tienen una composición química casi idéntica, por lo tanto, la experiencia emocional es la misma. Así, una experiencia de soledad se activa en el sistema límbico y desencadena la misma respuesta química que el hambre. Por lo tanto, podemos comer y sentirnos mejor por la soledad. Y cuando tenemos hambre, podemos pasar tiempo con un amigo y el hambre puede desaparecer por un tiempo.

Las respuestas emocionales negativas son cuatro veces más frecuentes que las positivas. El diccionario enumera aproximadamente 3500 emociones negativas y alrededor de 2000 emociones positivas.

Los recuerdos desde antes de nacer hasta ahora son sus archivos de experiencias. Si todo lo negativo está frente a uno mismo, el recuerdo negativo es lo que surgirá primero.

Las emociones que se acumulan, una tras otra, son un ataque de ansiedad. La ansiedad es una inquietud dolorosa o aprensiva de la mente, generalmente por algo inminente o anticipado. La ansiedad está relacionada con el futuro. Su mente subconsciente vuelve a buscar la experiencia, espera en el futuro y luego busca en el pasado y encuentra emociones similares y las pone frente a usted de nuevo. La ansiedad flota en la línea de tiempo

TDS. Si va a buscar las causas de la ansiedad esta se alejará de donde está buscando. Si se acerca, se irá por completo, haciendo que no tenga ninguna idea consciente de que hay más ansiedad.

Campo Morfogenético

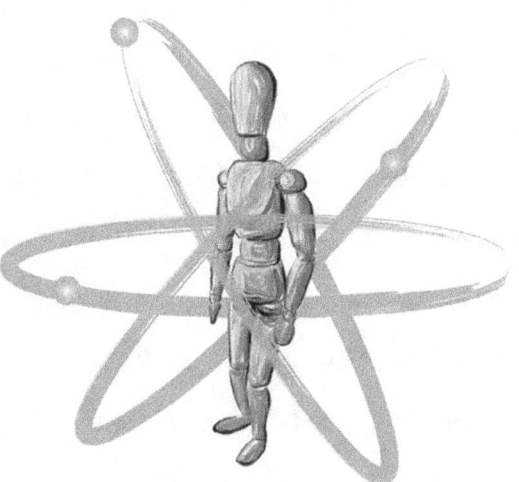

Nosotros, como seres humanos, también percibimos y nos comunicamos a través de la energía:

El campo morfogenético es un campo de energía que rodea la tierra. Se trata de un campo al que están vinculadas nuestras energías y que las afecta.

Funciones de la Mente

Este curso le enseña a cómo identificar las funciones del consciente, el subconsciente y el sistema límbico. A través de este seminario aprenderá sobre los programas automáticos que se ejecutan dentro de nuestra mente y que afectan significativamente nuestras vidas, las leyes que rigen y programan el subconsciente y las formas para aprender que el consciente puede superar al subconsciente y cambiar, modificar o eliminar programas que lo afectan negativamente.

Como seres humanos, podemos ser descritos por tener tres diferentes cerebros. Estas partes son tan diferentes en cuanto a su función que pueden considerarse entidades separadas. Estos son:

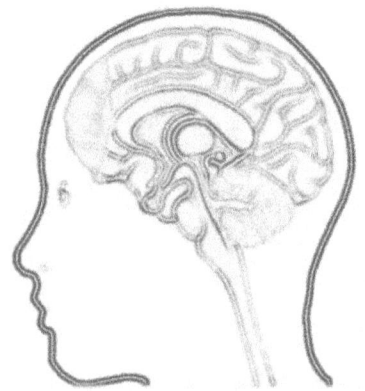

El Consciente

El Subconsciente

El Sistema Límbico

El Consciente

La función de la mente consciente es de:

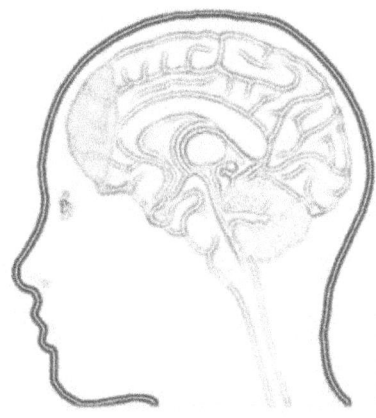

Percibir: Alcanzar la conciencia o la comprensión de; llegar a ser consciente a través del sentido.

Evaluar: Determinar la importancia, el valor o la condición generalmente mediante una valoración y un estudio cuidadoso.

Juzgar: Crear una opinión mediante la comprobación de datos.

Decidir: Seleccionar las medidas a tomar.

Los Procesos Conscientes

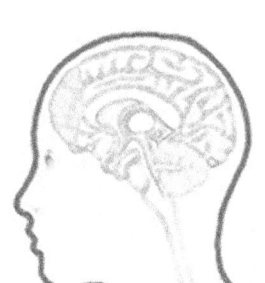

Bits enteros de información cada .22 de Segundo.

0.22	1 Sec.	1 Min.	1 Hour	1 Day
5	14	816	48,960	1,175,040
7	19	1,142	68,544	1,645,056
9	24	1,469	88,128	2,115,072

El Consciente

Un Bit Entero de información consiste en:

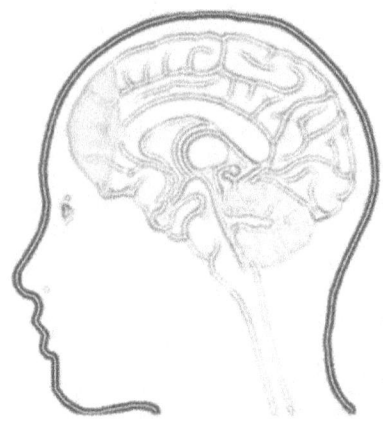

Contenido: Datos sin procesar

Contexto: Información que le da significado a los datos.

Intención: Dirección de la acción.

Tres diferentes decisiones están disponibles de cada bit entero
1. Tomar Acción
2. Permitir a Alguien Más Tomar Acción.
3. No Hacer Nada.

El Consciente

El estado de la consciencia puede cambiar cuando:

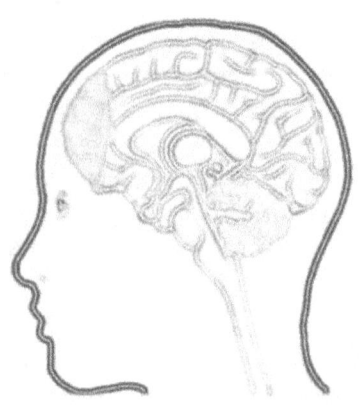

Dormimos

Estamos soñando

Vemos una Película

Escuchamos Música

Hacemos un Examen de Matemáticas

Etc.

El Consciente

Estos son los estados de la consciencia, expresados en Hz, Lo que es un ciclo por segundo.
(El subconsciente y el sistema límbico no cambian de estado)

Beta: 13-36 Hz
De Estado de Vigilia a Alerta

Alfa: 7-13 Hz
De Estado de Sueño a Relajado.

Theta: 4-7 Hz
De Ligero Sueño a Meditación

Delta: 0-4 Hz
Estado de sueño profundo, considerado también un estado de "inconsciencia".

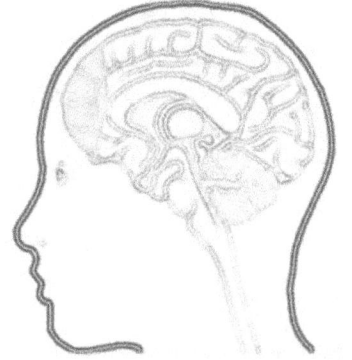

El Consciente

Ley del Efecto Inverso

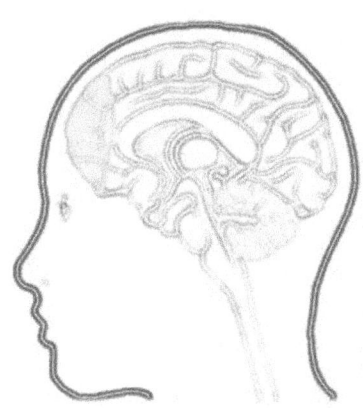

Toda la información procesada a través del subconsciente es procesada como es y también al revés.

Por lo tanto, la información que llega del consciente puede ser la información original o puede ser exactamente la opuesta.

El Consciente

Verdad Absoluta:

Vence a la Ley del Efecto Inverso porque la verdad absoluta no tiene un opuesto.

Por lo tanto, la verdad absoluta se procesa tal y como es.

Los Marcadores de Estado usan este principio para que la información sea procesada como verdadera.

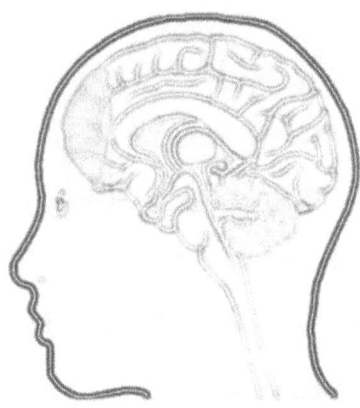

Marcadores de Estados

Los Estados se leen en patrones de 5-4-3-2-1. Primero diga 5 AT, luego 1 DO. Luego diga 4 AT y después 2 DO, etc. Luego practique, usted puede aprender a integrar los Marcadores de Estado en su día a día y en su lenguaje.

Verdad Absoluta:	Diga:	Resultado Deseado:
1.	5-1	1.
2.	4-2	2.
3.	3-3	3.
4.	2-4	4.
5.	1-5	5.

El Consciente

Nuestra Programación Humana Básica:

Se produce al nacer y está casi completa a la edad de 5-8 años.

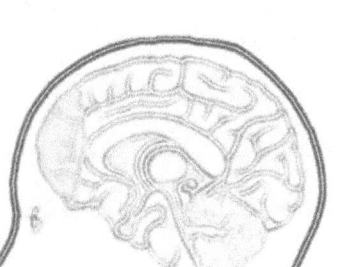

Para que un infante muestre algún tipo de aptitud, deben existir al menos 50 creencias básicas que respalden ese comportamiento.

Posiblemente millones de creencias básicas conforman el sistema de creencias de un adulto.

El Consciente

Nacemos con dos miedos instintivos:

Miedo a los ruidos fuertes y a las caídas.

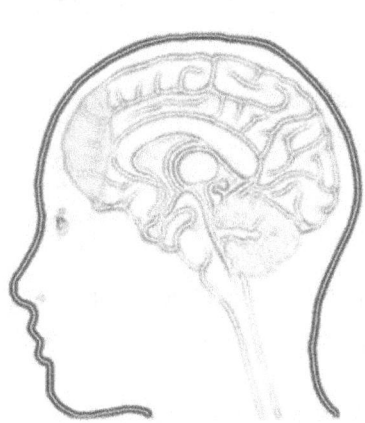

Cada uno de estos provoca un reflejo de sobresalto que consiste en estremecerse, gritar y a extender los brazos y piernas.

Todos los otros programas están programados por medio de nuestras propias percepciones sensoriales y decisiones consecuentes.

El Consciente

El Consciente crea programas mediante:

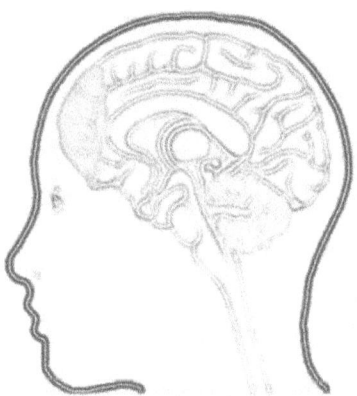

Repetición: Repetir el proceso consciente una y otra vez. Las repeticiones de 3, 5, 7 o 9 (números impares) son necesarias para crear un programa.

Composición: El espacio entre la repetición el cual hace que el consciente se centre en el cambio y la programación de vuelta al programa de nuevo. Este tiempo de inactividad es esencial para cualquier tipo de programación.

El Consciente

El consciente puede anular los programas antiguos:

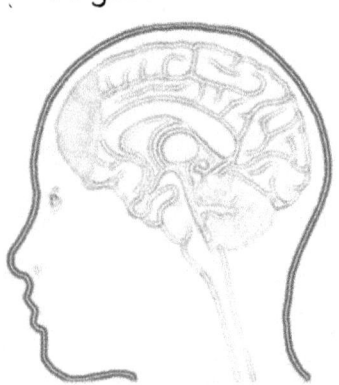

El subconsciente ejecuta programas que ya han sido hechos por la mente consciente.

El consciente podría siempre anular los programas del subconsciente. Nuevos programas podrían ser hechos por el consciente repetitivamente anulando los viejos.

El Consciente

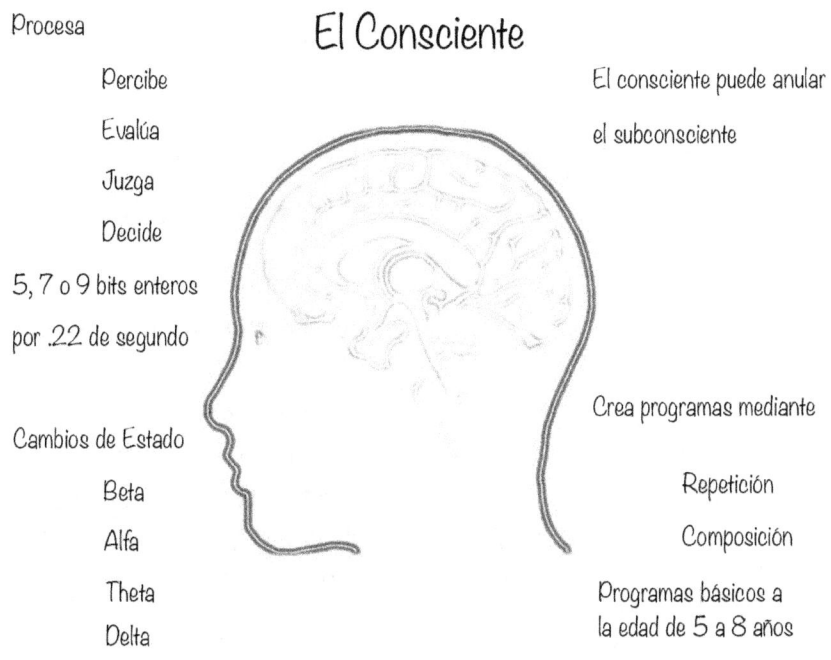

Procesa

Percibe

Evalúa

Juzga

Decide

5, 7 o 9 bits enteros por .22 de segundo

Cambios de Estado

Beta

Alfa

Theta

Delta

El consciente puede anular el subconsciente

Crea programas mediante

Repetición

Composición

Programas básicos a la edad de 5 a 8 años

The Subconscious

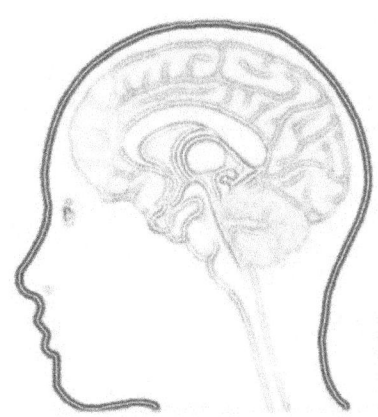

Records And Stores : All information received through each of the six senses throughout the entire human lifetime, absorbing information on a cell by cell level in the body.

All information processed and programmed through the conscious mind.

El Subconsciente

Procesa:

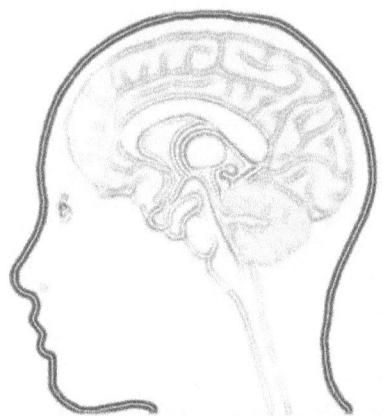

Micro bits de información ilimitados cada .22 de segundo.

(Cientos de billones de ellos)

Los micro bits son simplemente datos. Estos no son procesados pero están grabados y almacenados por el subconsciente.

El Subconsciente

Ejecuta programas creados por el consciente:

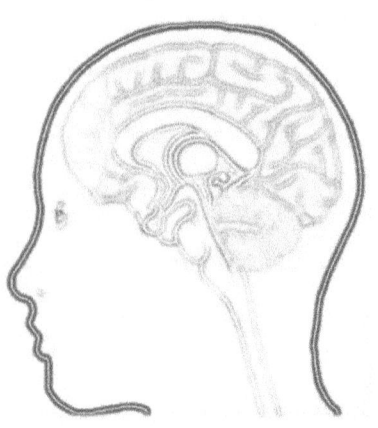

Los programas inician en el consciente. Cuando el consciente juzga o decide repetitivamente, eso se convierte en un programa.

Eventualmente estos programas se ejecutan sin involucrar al consciente. Por lo tanto, son programas del subconsciente.

Los programas pueden ser simples como cepillar tus dientes o complejos como conducir un auto o escribir mensajes de texto.

El Subconsciente

El subconsciente está programado por:

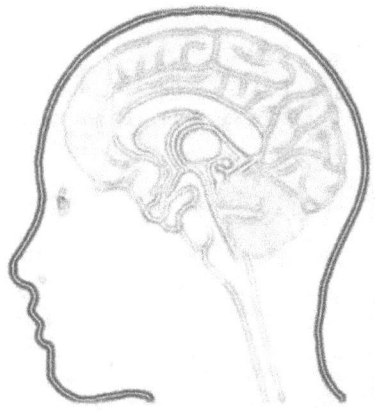

Repetición y Composición

Velocidad en lugar de precisión

Estados positivos usando la regla del "Como si"

Codificación mediante símbolos

El Subconsciente

Filtra información para el uso del consciente:

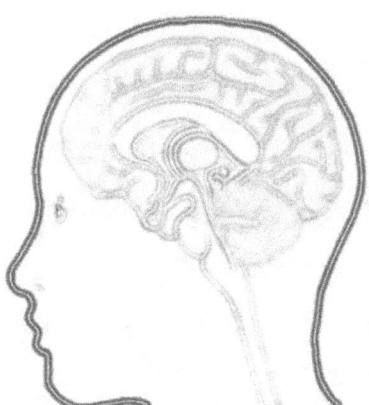

El subconsciente filtra información sensorial en patrones llamados meta-programas.

Los meta-programas filtran mediante la eliminación, distorsión o generalizando por sentido. La información puede llegar al consciente.

Sin embargo, los meta programas pueden funcionar más allá de la consciencia.

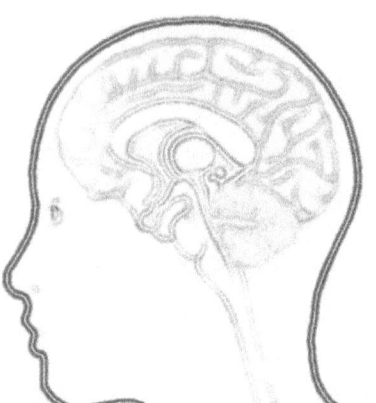

Sonido	Vista
¿Qué?	¿Por qué?
Valores, Ética y Propósitos	Ideas, Razones y Conceptos
Borrados **por Igualdad**	Borrados **por Diferencia**
Tacto	Energía
¿Quién?	¿Cuál?
Relaciones	Intuiciones
Distorsiona **por Amplificación**	Distorsiona **por disminución**
Sabor	Olor
¿Cómo?	¿Dónde?
Creencias sobre el carácter	Creencias acerca de cómo funcionan las cosas
Generaliza **por similitud**	Generaliza **por diferencia**

Centro: Tiempo/Autoconocimiento ¿cuándo?

Mapa Del Paradigma Humano

El Subconsciente

Codifica mediante símbolos: El subconsciente codifica información simbólica mediante el sentido.

Símbolos Artísticos Universales:

El Subconsciente

No conoce la diferencia:

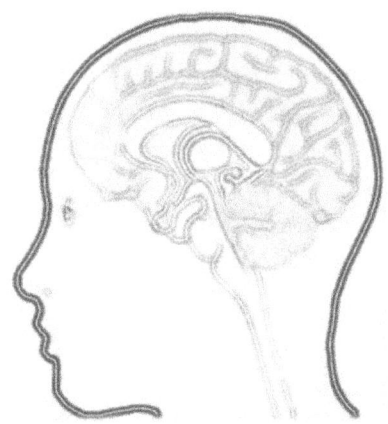

Entre lo Real y lo Imaginario

Entre el Pasado, Presente o la información futura.

Toda la información en el subconsciente solo es eso.

El Sistema Límbico

La Química Cerebral

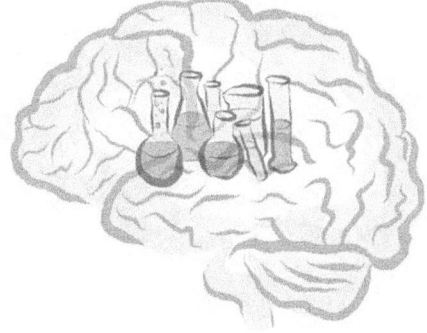

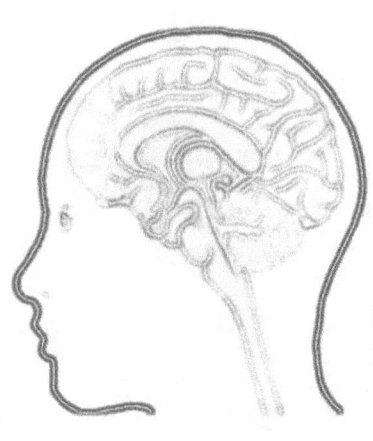

Las Emociones son químicas relacionadas al sistema límbico.

El Sistema Límbico

El Sistema Límbico es subjetivo al Subconsciente:

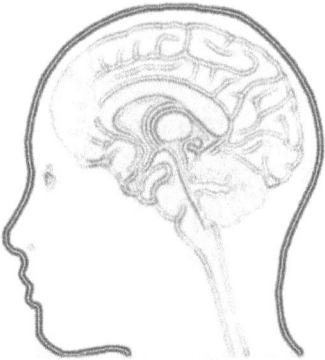

Por lo tanto los recuerdos pueden tener información del sistema límbico almacenada tales como los recuerdos que te causan risa las veces que piensas en ellos.

Las respuestas inapropiadas pueden también estar almacenadas en el sistema límbico, tales como los recuerdo que te hacen sentir inseguro cada vez que piensas en ellos, incluso si te sientes seguro en el presente.

El Sistema Límbico

Frecuentemente somos adictos a nuestras propias químicas:

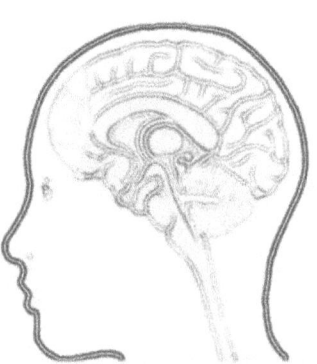

Los sentimientos pueden ser adictivos, tales como el amor o la excitación. Las personas que practican el paracaidismo pueden ser adictas a sus propias químicas cerebrales, especialmente la adrenalina.

Algunas de nuestras propias químicas son respondidas por otras químicas cerebrales, tales como el alcohol o la marihuana las cuales son la principal causa de placer para que el cerebro libere dopamina.

La morfina o heroína tiene una estructura química similar al placer químico provocado por la dopamina y por lo tanto estimula los receptores en el cerebro diseñados para enlazar con la dopamina.

Creación y Borrado de la Memoria:

Lo que percibimos y experimentamos en nuestro mundo exterior es un reflejo de nuestro mundo interior. Nuestros programas subconscientes que consisten en: Creencias de nuestros propios rasgos de carácter y de los demás, estrategias y procesos para hacer las cosas correctamente, nuestros futuros, y muchos otros aspectos de nosotros mismos y de nuestro mundo relacionados con las creencias. (Nuestro programa/modelos de nuestras Creencias crean nuestros propios Futuros, nuestros Comportamientos y son la base sobre la que se construye todo lo que podemos llegar a ser). Nuestros valores y significados, nuestras ideas y conceptos son los cimientos de nuestra Identidad y Personalidad. Nuestras experiencias del momento presente se basan en nuestro programa/modelos de nuestras relaciones y nuestras intuiciones. Todo esto y los demás datos en el subconsciente son simplemente procesos y se almacenan allí como Memoria.

La memoria creó nuestro pasado, la memoria crea nuestro presente y nuestro futuro también es memoria almacenada en el subconsciente. Podemos tomar el control consciente y crear nuestra propia Memoria, de nuestro Pasado, Presente y nuestro Futuro. Los datos son un aspecto del programa/modelo y la Memoria, la dirección supervisora de las Creencias, Valores, Ideas, Relaciones e Intuiciones que son la percepción consciente de los datos. Tenemos el control de nuestras percepciones conscientes, incluso en lo que se refiere a nuestro pasado. Esto lo hemos experimentado hasta cierto punto en nuestras vidas cuando hemos tenido una experiencia negativa en el Pasado y posteriormente hemos cambiado nuestra percepción de dicha experiencia. Hacer esto puede incluso causar un alivio o un aprendizaje, haciéndonos perdonar a otro o ganar compasión. Cambiar el pasado es muy importante cuando la circunstancia del pasado todavía nos mantiene cautivos de alguna manera hoy en día.

Simplemente tome la circunstancia negativa de su Pasado e imagine volver o al menos observar dicha circunstancia y analice esta experiencia. Mientras usted la observa, piense en cosas que podría decirse a sí mismo en ese momento para ayudarse en lo que estaba experimentando.

De nuevo, todos estos programas/modelos, que comienzan como datos del entorno junto con las percepciones conscientes, se convierten en Memoria y pueden parecer abrumadores. Repito, cambie la percepción consciente y la Memoria cambiará con la nueva percepción. Cambie la percepción de la

Memoria y el programa/modelos cambiará: Creencias, rasgos de carácter, personalidad, identidad, pasado, presente, futuro, comportamientos.

El futuro es la memoria: Datos procesados y almacenados en el subconsciente y que se convierten en programas/modelos con su propia percepción consciente. Cualquiera que sea su percepción siempre puede cambiar, está bajo su control consciente usted hace lo que elija hacer con sus percepciones. Ya ha creado su Futuro y puede cambiarlo cambiando su percepción a nivel consciente de éste. Las imaginaciones guiadas y las mediaciones son muy poderosas ya que las imaginaciones son procesadas y almacenadas en el subconsciente exactamente de la misma manera que cualquier otro dato es procesado y almacenado allí. Todo lo que usted imagine que será su Futuro es lo que su futuro puede llegar a ser. Si tiene una gran cantidad de percepciones y programas/modelos limitantes y negativos de su pasado, su presente y su futuro, puede ser necesario un gran cambio de percepción para crear nuevos programas/modelos. Aun así, y lo vuelvo a repetir, Albert Einstein utilizó el 10% de su cerebro, todos tenemos mucha masa cerebral para crear nuevos programas/modelos.

Dedique tiempo cada día a imaginar experiencias exitosas en su futuro, diez minutos cada mañana y cada noche pueden cambiar su vida.

Cuando tenemos muchos recuerdos negativos de nuestro pasado, tenemos la tendencia a acceder neurológicamente a ellos con gestos y movimientos delante de nosotros. Esto también acaba por mantener nuestro pasado delante de toda nuestra neurología, por lo que cualquier movimiento hacia delante sólo nos hace sentir que seguimos regresando a nuestro pasado.

El tiempo es un aspecto importante de nuestras vidas: el tiempo es un elemento de nuestra Realidad y las direcciones que gesticulamos cuando hablamos de nuestras experiencias personales de memoria temporal pueden explicar mucho sobre nuestra experiencia de vida. La Realidad en sí misma se compone de Tiempo, Espacio y Materia. En la programación subconsciente cambie los aspectos del Tiempo y podrá cambiar su Realidad. En los programas subconscientes la Materia es los Datos que el subconsciente utiliza para crear el programa/modelos de Identidad, personalidad, creencias, comportamientos, la percepción consciente es una parte vital de los Datos (Materia) utilizados para crear la Realidad del programa/modelos. Puede ser así de simple. Cambie su percepción consciente y cambiará la Materia subconsciente de su Realidad.

A menudo la gente piensa que si cambia el espacio, puede cambiar su realidad, sólo tiene que moverse y las cosas cambiarán. No es cierto, cambie sus percepciones y funciones del tiempo y cambie sus percepciones conscientes de los datos que llegan de su entorno y de su programa/modelos pasados y futuros. Cambie sus direcciones de tiempo y su percepción consciente y cambie su programa/modelos/.

Capítulo 7

CAMPO DE LA CONCIENCIA

Un campo se define como una región del espacio caracterizada por una propiedad física. El ser humano es una propiedad física y, por tanto, existe dentro de un campo. Este campo es lo que llamamos conciencia. Sin embargo, es muy poco lo que se le ha dicho al ser humano promedio sobre su campo de conciencia. El análisis del ser humano no identifica el campo de conciencia. Entender la forma en que los elementos humanos funcionan y trabajan juntos ayuda a entender el campo de conciencia humano. Cada aspecto del ser humano tiene su propia inteligencia. Nuestros órganos internos, cada célula viva, nuestro sistema nervioso central, nuestros sistemas químicos, nuestros sentidos, el consciente y el subconsciente están vivos, con su propia inteligencia, procesos, funciones y propósito. Los diferentes campos de la conciencia trabajan juntos. Son similares en funciones, se corresponden juntos, se unifican juntos y resuenan juntos y entre sí. El campo de conciencia de cada persona es identificable y comprensible para el ser humano entrenado. El nivel de desarrollo personal de un individuo, e incluso su inteligencia, puede medirse e incrementarse sólo por su capacidad de percibir este Campo en sí mismo y en los demás. Esto también se puede afirmar diciendo que cuanto mayor sea su capacidad de conocer su campo consciente, mayor será el acceso a su conocimiento subconsciente. El campo consciente es más que nuestro pensamiento, nuestra capacidad de conocimiento consciente es mucho más que el pensamiento. Tampoco son sólo las creencias subconscientes las que limitan nuestro conocimiento consciente. Para que uno pueda saber algo, primero debe obtener una comprensión sobre las estructuras, los patrones y los procesos del cerebro humano y la mente. Conocer esta naturaleza de la conciencia en sí misma aumentará su conocimiento consciente.

El campo consciente humano se conoce como el campo mental y el campo mental consiste en tres áreas principales del ser humano.

CONOZCA SU SER

CURE SU SER

CONOZCA Y SANE A LOS DEMÁS

Nuestro mundo interior no debería ser un misterio. Si somos extraños a nosotros mismos, somos simplemente extraños. Los demás no pueden aprender más de la sabiduría del hombre y enseñar basándose en ella sobre nuestro interior. Ya sabemos sobre nuestro interior y no hay misterio alguno. Es sólo una cuestión de acceder a nosotros mismos en base a nuestro funcionamiento interno. Hay muchas cosas que sabemos sobre nosotros mismos y todo el tiempo se aprenden cosas nuevas.

Hay más cosas que sabemos de las que podemos imaginar. Llegamos a este estado del ser físico con conocimiento y a lo largo de esta existencia hemos adquirido grandes conocimientos. Usted abe mucho más de lo que cree que sabe. Por ejemplo, sabe el número de agujas de pino en un árbol de Navidad desde el momento en que lo mira. Conoce los colores y su ubicación en un cuadro desde el momento en que lo mira. Al escuchar las palabras de alguien, también oye su tonalidad, ve o imagina ver su postura y sus movimientos mientras habla, sus expresiones faciales. Todo esto y mucho más están a su disposición para el conocimiento consciente. Todo lo que ha experimentado a través de sus sentidos humanos y más está disponible para que su conciencia tenga acceso a ello. No es su mente subconsciente la que le impide conocer todas las cosas, es su mente consciente la que piensa que no puede o que no lo hace.

Cuanto más busquemos la sabiduría analítica de los demás, menos sabremos de nosotros mismos. La sabiduría no es analítica, la sabiduría en sí misma consiste en 1º Datos recibidos de su entorno, 2º Dialogar conscientemente de estos Datos y teorías conscientes con respecto a los Datos y 3º Aplicar conscientemente las teorías mientras sigues abierto a nuevos datos dialogando y teorizando los datos y aplicando nuevas teorías. Decidir sobre la base de lo que otros han hecho y por qué otros han hecho lo que hicieron puede ser un buen dato a veces para dialogar y teorizar sobre uno mismo. Sin embargo, la mejor manera de conocerse a sí mismo es aprender a leer todos los aspectos de su subconsciente y para leerlos hay que saber cuáles son.

Conocer el funcionamiento del cerebro y del cuerpo, sus modelos, funciones, procesos es un nuevo autoconocimiento de sus propios modelos, conceptos y procesos. Se necesita educación, implementación y práctica para aprender cualquier cosa, está en una gran posición para conocerse a sí mismo ya que es usted. Algunas personas pueden llegar a ofenderse cuando otra persona les pregunta por qué han hecho o no han hecho una cosa. No es la respuesta analítica lo que nos ayuda, es conocer realmente cada aspecto de nuestro yo consciente y subconsciente. Si todos nuestros problemas estuvieran sólo en nuestro pensamiento consciente, podríamos tener menos problemas. Nuestra mente consciente puede pensar una cosa y la mente subconsciente puede estar haciendo algo completamente diferente. Algunos ejemplos de esto han sido cuando he hablado con alguien y me dicen que sí, que entienden, que sí, que creen en lo que digo, mientras que todo el tiempo que me dicen que sí, están moviendo la cabeza en sentido negativo. Cuando les explico lo que están haciendo, no pueden negar con la cabeza y hablarme de sí mismos. Otro ejemplo es la tonalidad de la voz por palabra hablada. Cuando el tono de voz es más alto, la persona está cuestionando lo que está diciendo, cuando el tono de voz es más bajo, es más afirmativo o incluso como una orden.

Conocer estos aspectos de las funciones subconscientes para poder reconocerlos en nuestros propios comportamientos e interacciones nos da una oportunidad mucho mayor de conocernos a nosotros mismos.

Podemos conocer conscientemente la forma en que se mueven nuestros ojos, las palabras que usamos para expresar lo que pensamos que estamos expresando, la forma en que gesticulamos, todos estos diferentes aspectos de nuestro ser. Ser conscientes de estos aspectos de nosotros mismos nos da una mayor conciencia sobre nosotros.

La sinergia es el todo mayor que las partes individuales, esto se aplica a todo. Las interacciones de dos o más agentes para un todo. Cualquiera que sea el todo, hay tres aspectos que son individuales para el conjunto. Los sistemas que trabajan juntos son sinérgicos. Los seres humanos son sistemas completos y cada aspecto de nuestro conjunto habla por sí mismo en cuanto al conocimiento que tiene. El hecho de que se diga algo, no hace que sea así. La suma de todos los aspectos de su conjunto asociados a lo que dice puede hacer que lo que dice se convierta en realidad. Muchas personas pueden pensar una cosa y sin embargo sentir lo contrario de lo que piensan. Otras pueden sentir una cosa y sin embargo pensar completamente lo contrario de lo que sienten. La gente también puede pensar y sentir de una manera determinada y, sin embargo, hacer o actuar de forma completamente opuesta a sus pensamientos y sentimientos. Muchas combinaciones diferentes de esta falta de sinergia se aplican a nuestro ser humano y todas son sólo nuestras experiencias humanas individuales y los programas y modelos resultantes creados a partir de estas experiencias. Funcionar de esta manera no es sinérgico, esta forma de funcionar es disfuncional y drena nuestra energía y disminuye nuestro campo consciente.

Los sistemas son enemas o patrones que interactúan entre sí para un proceso y propósito. La relación entre las partes es lo fundamental de su procesamiento. Si las diferentes partes de cualquier sistema no son capaces de interactuar abiertamente, interdependientemente, interrelacionándose entre sí, el sistema en su conjunto se vuelve disfuncional. Tomemos un ejemplo sencillo: si las diferentes partes con los diferentes sistemas no funcionan correctamente, el automóvil no funcionará bien. Ahora, piense en un ser humano real y en las diferentes partes, sistemas y propósitos del sistema humano. Sólo los elementos de nuestro pensamiento, sentimiento y comportamiento, al no interactuar adecuadamente pueden ponernos en un estado de pánico. Aprender a reconocer y utilizar conscientemente sus propias funciones subconscientes a un nivel consciente nos ayudará a obtener un mayor control consciente de todo nuestro ser.

El campo consciente está formado por una fuerza unificadora que es inteligente y consciente. El nivel de desarrollo personal de un individuo puede medirse por su capacidad de percibir el campo en sí mismo y en los demás y la sinergia del conjunto basada en la correspondencia y la unidad de las partes individuales juntas.

Cuando el entorno desciende, el centro se derrumba, dejándonos sin equilibrio, o sin inocencia. En ningún sentido, no lo reconocemos ni podemos captarlo de ninguna manera. El entorno de la misma, el entre, las interacciones de las diferentes partes o elementos de un sistema completo. El sistema completo es la Totalidad de las diferentes partes o elementos como el Ser Humano, el Tiempo, la Realidad y cualquier otro propósito y sinergia que tenga el sistema completo.

Si la mente, las emociones y el cuerpo no se corresponden adecuadamente, el Ser Humano en su totalidad se desploma. La mente, las emociones y el cuerpo en un extremo pueden colapsar y el ser humano se desequilibra completamente y ni siquiera lo reconoce.

Con la Realidad en su conjunto, cuando el espacio, el tiempo y la materia no se corresponden adecuadamente, nuestra Realidad misma se desploma y no la reconocemos. Si no podemos reconocer el espacio aproximado con un tiempo o lugar y las cosas materiales dentro de él, la Realidad es verdaderamente irreal.

La Realidad: Espacio, tiempo y materia.

Con el Tiempo como un todo, si el pasado, el presente y el futuro no se corresponden y recuerden que esto se interrelaciona interdependientemente, entonces el Tiempo mismo está desequilibrado y no podemos reconocerlo.

EL TIEMPO: El Tiempo es una Totalidad. Períodos medidos o mensurables durante los cuales una acción, proceso o condición existe o continúa. La

Duración del cual es un continuo no espacial que se mide en términos de eventos que se suceden desde el Pasado, el Presente, hasta el Futuro.

Pasado; Períodos transcurridos durante eventos pasados. Las referencias al pasado pueden ser que se acaba de ir, existió o tuvo lugar, en un período anterior al presente. Esto se asocia con el sentido del sonido y la vista y, por lo tanto, hace que nuestros valores, significados, ideas y conceptos parezcan conscientemente referidos al pasado.

Presente; Ahora y se identifica como una división del Pasado y del Futuro.

Futuro; Tiempo aún por venir, medidas de eventos aún por suceder, existentes u ocurriendo en un tiempo posterior.

La conciencia es una forma dada por el espacio y la dimensión. Dimensión: Altura, profundidad, lateral.

La conciencia es multidimensional en nuestro mundo tridimensional y cada uno de los diferentes aspectos o elementos de nuestra conciencia tiene su propia inteligencia, función y propósito. Estas diferentes dimensiones de la conciencia deben interrelacionarse de forma interdependiente para que nuestra conciencia esté completa como un sistema completo.

La inteligencia de altura corresponde a los valores, la ética, el significado, la razón, las ideas y los conceptos. Su función y propósito es almacenar nuestros recuerdos, programas y modelos pasados.

La inteligencia de profundidad es para las creencias sobre las relaciones, las relaciones, las acciones y las intuiciones. Su función y propósito es almacenar nuestros recuerdos, programas y modelos actuales.

La inteligencia lateral es para la creencia sobre el carácter, los procesos, la creencia sobre las estrategias y la función. Su función y propósito es almacenar nuestros recuerdos, programas y modelos futuros.

El sistema humano: El Sistema Humano es una Totalidad. El sistema humano es la totalidad del campo, formado por los otros tres campos que trabajan juntos.

Mente; es la Altura en la dimensión

Emoción (espíritu); es la Profundidad en la dimensión

Cuerpo; es Lateral en la dimensión

Si estos 3 campos de la conciencia no están interrelacionados, interdependientes y correspondientes con su propia inteligencia, función y propósito, nosotros como ser consciente podemos desplomarnos y ni siquiera darnos cuenta de que no somos verdaderamente conscientes.

El Principio de Realidad de un sistema como un campo completo hecho de otros tres campos trabajando juntos: Todas las realidades de nuestro universo están formadas por pequeños átomos. Estos átomos, aunque pequeños, ocupan un espacio. Estos espacios de átomos, de materia, se llaman Dimensiones.

Los hologramas son sistemas enteros y completos, una pequeña pieza del conjunto afecta a todo el sistema. Esto es cierto en cualquier sistema completo. El cambio de un aspecto o elemento de un sistema completo cambiará todo el sistema. Cambiar la función o el propósito de un pequeño aspecto o elemento de un sistema completo cambiará todo el sistema. Un sistema completo, por su propia naturaleza, está interrelacionado y depende de cada aspecto del conjunto.

El universo, el ser humano y el cuerpo humano son, por naturaleza, sistemas holográficos y completos. Si los diferentes aspectos y elementos del universo no se corresponden, el propio universo caería en picado y ni siquiera se daría cuenta de ello. El ser humano y el cuerpo humano se desploman a menudo y sin embargo no reconoce que no está funcionando correctamente.

La conciencia humana es holográfica al igual que el procesamiento interno y sus modelos resultantes, se convierten naturalmente en sistemas completos. La capacidad natural de la conciencia humana rara vez es alcanzada por la mayoría de los seres humanos. Cuando alguien empieza a reconocer y eliminar sus limitaciones programadas para alcanzar algún grado de la capacidad de la naturaleza humana, se le considera un genio. Cuando usted reconoce su propio pensamiento, es capaz de reconocer un sentimiento que acompañe al pensamiento y reconociendo estos tiene la capacidad consciente de reconocer comportamientos para alcanzar el pensamiento. Si tiene la pregunta, tiene la respuesta. Si tienes el problema, tienes la solución. Usted no necesita conocer cada aspecto o elemento de la respuesta o solución para tenerla. El simple hecho de reconocer un pequeño aspecto o elemento holográfico le dará permiso a todo su ser para reunir la respuesta y la solución para usted. Usted es un ser completo, es holográfico, y es así por su propia naturaleza, la clave está en la correspondencia dentro de su ser completo. Correspondiendo conscientemente con los diferentes aspectos y elementos del sistema completo de su ser.

Este es el conocimiento de la forma en que el consciente y el subconsciente ya funcionan y han funcionado desde el Edén. Podrá tomar el control consciente sobre sus funciones subconscientes. Conocer las formas de trabajo de su consciente y subconsciente le da una elección consciente sobre las respuestas naturales del hombre. Ha experimentado esto antes cuando ha pensado o sentido de una manera y luego ha llamado a alguien que le ha ayudado a cambiar su pensamiento o sentimiento o se ha ayudado a sí mismo en cierto modo.

Hay una forma universal conocida como el modelo de totalidad - compuesto por tres niveles elementales y un nivel de totalidad estos se aplican a todo lo que vive. Algunas Totalidades o sistema completo son hechas por el hombre, y otras son hechas por Dios. Hay muchas totalidades que he identificado, la lista puede seguir y seguir, sin embargo hay totalidades mayores que afectan su habilidad para ser seres completos.

La naturaleza: La naturaleza es una totalidad. La naturaleza es la esencia, el carácter inherente o la constitución básica de una persona o cosa. Es la fuerza interior o la suma de fuerzas de un individuo, la fuerza que controla el universo. La naturaleza son las fuerzas que se distinguen por sus características fundamentales o de esencia. El mundo exterior en su totalidad y las cualidades genéticas de un organismo. Instinto.

Estructura; Disposición en un patrón u organización definida, un arreglo de partículas o partes en una sustancia o cuerpo. La estructura es la organización de las partes dominada por el carácter general de un sistema completo. Estructura es la configuración, el diseño y la arquitectura de un conjunto.

Patrones; El patrón es la configuración natural o artificial de un sistema con ejemplos seguros de rasgos, actos, tendencias u otras características observables de un sistema. Un sistema discernible y coherente basado en las interrelaciones previstas de las partes que lo componen. Disposición estructural, arreglo, plantillas de la forma en que se arma una cosa, la secuenciación.

Procesos; Los procesos son progresivos y avanzan en un fenómeno natural marcado por cambios graduales que conducen a un resultado determinado. Actividad o función continua, natural o biológica, en una serie de acciones u operaciones que conducen a un fin. Lograr la integración de la información sensorial recibida para generalizar una acción o respuesta

La naturaleza descenderá vertiginosamente para llevarnos a nuestros patrones y procesos. La naturaleza o cualquier totalidad dada caerá en picado en el centro de sus elementos y aspectos, desapareciendo aparentemente. Esto cambia la estructura, los patrones y los procesos junto con su inteligencia, función y propósito. Todo el sistema se vuelve disfuncional.

Será expulsado del centro de sí mismo. Esto es lo que ocurre con el cáncer. Usted se está arrojando fuera de sí mismo y si no regresa al centro de sí mismo, morirá. El cáncer ocurre como retroalimentación para lograr convertirse en un felpudo, usted puede no elegir ser un felpudo. Cuando la mente, las emociones y el cuerpo no se corresponden, usted cae de golpe en el interior de uno mismo. No se reconoce la caída en picado porque no se recibe la información, la realidad no es real y el tiempo no es real. El cáncer es sólo un ejemplo de un posible resultado de esto. El cáncer también se produce a nivel celular y por tanto a nivel atómico. Las células mismas no son capaces de corresponder y tomar la información de las otras células y las células que no corresponden se desploman. Todo el sistema celular se vuelve disfuncional y a esto lo llamamos cáncer. El proceso para corregir esto es ser consciente de sus propios pensamientos, las emociones y los comportamientos asociados a ellos. Las interacciones entre estos aspectos y elementos son cruciales para el proceso de curación. Los pensamientos, las emociones y los comportamientos negativos son indicios de disfunción, al igual que los objetivos y los deseos que no se pueden alcanzar.

La ira viene porque se tienen estándares y no se quieren otros, se quiere tomar otros estándares y conectarlos con los propios. La ira es un sentimiento fuerte o un disgusto hasta el punto de ser antagónico. Las normas son reglas y principios que se ajustan a un valor reconocido y permanente con significado.

Cuando se enfada es a menudo cuando perderá su capacidad consciente incluso para pensar a nivel consciente con claridad. Su capacidad de percibir, evaluar, juzgar y decidir está colapsada por la emoción. Puede que ni siquiera se dé cuenta de que esto le ha sucedido. Cuando la ira ha disminuido, puede entonces procesar que las normas y los principios de otro son realmente los que usted preferiría tener. Tener normas y creencias y, sin embargo, no tener las emociones y los comportamientos que las respaldan es un proceso que vuelve a ser de correspondencia entre todo nuestro ser. Cuando todo nuestro ser no está interrelacionado, interdependiente, nos volvemos disfuncionales y ni siquiera reconocemos nuestra propia disfunción.

El Sistema Humano; Mente, Emoción (espíritu) y Cuerpo El sistema humano tiene tres funciones básicas:

El Sistema Humano es susceptible o representativo de aquellas simpatías y fragilidades de la naturaleza humana. Como tal, interactúan interdependientemente en grupos formando un todo unido. Trabajando juntos para realizar una o más funciones vitales, el cuerpo se considera una unidad funcional.

Identidad, La identidad se refiere a la igualdad de carácter esencial en diferentes instancias. La igualdad en todo lo que constituye la realidad completa de una cosa. Unicidad, dejando la multiplicidad sin cambios. Existencia personal de un complejo de características que distinguen a un individuo. Conjunto de comportamientos, pensamientos y emociones de un individuo.

Comunicación Mensaje verbal o escrito a través de símbolos, signos o comportamientos. La comunicación es el intercambio de información mediante técnicas de expresión de ideas, pensamientos y sentimientos.

Creación: el acto de dar vida a algo. Hacer, inventar, producir, todo lo que existe físicamente.

El potencial de un ser humano completo está más allá de nuestra experiencia real. Tener una unidad de propósito y función para intercambiar información a través de diversas técnicas e ideas, pensamientos y sentimientos. El resultado es traer a la existencia inventando y produciendo todo lo que es capaz de existir físicamente.

Dado que los sistemas humanos están integrados, es posible observar el procesamiento de la información humana como movimiento corporal. El movimiento equivale al significado. Este es un aspecto importante del campo de la conciencia y ha sido investigado y estudiado durante siglos. Ya sea el movimiento de los ojos o la posición del cuerpo, los movimientos o los gestos. El movimiento tiene un significado, independientemente de que su conciencia sea consciente o no del mismo. Lo que ocurre dentro del cerebro humano se refleja en el propio cuerpo y viceversa. Como seres completos, cada aspecto y elemento de nuestro ser se corresponde con el sistema o sistemas a los que está asociado.

La naturaleza racionaliza los sistemas al tener partes o procesos en cualquier nivel que tienen la misma forma para resonar juntos y corresponder como uno. Para tener un mayor sentido de su capacidad consciente primero debe tener una comprensión de su ser interior y su inteligencia, función, propósito y naturaleza.

¿Qué parte del avión vuela o del automóvil funciona? Es la relación de correspondencia, la unificación, la totalidad que permite que el avión vuele, el automóvil funcione y los seres humanos lo hagan correctamente.

Usted no forma parte de sus sentidos, ni de sus órganos internos, ni de sus experiencias, ni de sus recuerdos, ni de sus modelos, ni de sus procesos. Usted es la totalidad combinada, todo el sistema totalizado.

Esto se conoce como Sinergia. La sinergia se define como el todo que es mayor que la suma de sus partes.

Capítulo 8

ESTRUCTURA DE LA CONCIENCIA

El ser humano tiene tres campos de conciencia, que juntos forman el ser humano completo. Cada campo de conciencia tiene dos sentidos en él. Cada sentido tiene un nivel superior o abstracto y funciones conscientes para el uso consciente como un todo.

Sabiduría: La sabiduría es una totalidad. La sabiduría es el uso discernido del conocimiento. Ser sabio indica que se tiene una comprensión evaluada de un sistema completo.

Datos; son los símbolos en sí mismos. Las palabras escritas y habladas, los números, los sonidos, las imágenes, los símbolos son formas de transferir Datos. Los datos llegan a través de nuestros sistemas de filtrado, basados en nuestras percepciones.

Información; es el ordenamiento de los Datos en patrones significativos. Matemáticas con patrones significativos usando álgebra y geometría. En el lenguaje, oraciones con diferentes cadenas de palabras para formar patrones para la información. La información es una compilación de nuestras experiencias, y de las teorías que creamos basadas en nuestras experiencias. También influyen otros.

Conocimiento; la aplicación y el uso productivo de la información a partir de los datos. El conocimiento construye modelos que creamos a partir de las experiencias y las teorías. El conocimiento es la comprensión y el discernimiento, las creencias, toda nuestra visión de la vida misma, basada en nuestros datos y la información que tomamos de ellos.

Una forma clave de lograr una mayor correspondencia y ser más abiertos es crear formas de aumentar el flujo de información a través de todo el sistema de comunicación.

Continuum Comunicativo: El Continuum Comunicativo es una Totalidad. Es el proceso por el cual se intercambia información entre individuos a través de un sistema común, como un todo y caracterizado como una colección, secuencia o progresión de valores o elementos que varían en grados mínimos.

Transmitir; Transmitir es simplemente enviar o transmitir de una a otra persona, lugar o cosa. Hacer que pase a través de cualquier medio disponible.

Recibir; Recibir es aceptar y adquirir para ser un receptor. Asimilar a través de la mente o los sentidos.

Mensaje; Cualquier comunicación generalmente de un tema o idea subyacente y considerado como el propósito de la comunicación.

Procesamiento del lenguaje: El Procesamiento del Lenguaje es una Totalidad. El Procesamiento del Lenguaje son las palabras, su pronunciación y los métodos de combinación que utilizan y entienden los individuos, un grupo y una comunidad. El lenguaje es un medio sistémico para comunicar ideas o sentimientos mediante el uso de signos, sonidos, gestos o marcas convencionalizadas que tienen significados entendidos.

Simbólico; Los símbolos son parecidos a lo que se refiere, pueden representar una palabra completa o un concepto. Los ejemplos de símbolos son ideográficos, logográficos y pictográficos y suelen representar aprendizajes e incluso historias.

Energética; La energía es una fuerza activa, que a menudo no se ve pero que puede sentirse y reconocerse de otras maneras. La energía se encuentra en un nivel intelectual, emocional y espiritual. Las entidades fundamentales de la naturaleza pueden transferirse entre las partes de un sistema en la producción de cambios físicos dentro del mismo y suelen considerarse como la capacidad de realizar una cosa.

Todo el cuerpo; el lenguaje de todo el cuerpo se refiere a las palabras, las emociones y las expresiones físicas al unísono. Completo hasta el punto de que incluso la mera representación física del cuerpo puede ser suficiente para transmitir el mensaje sin necesidad de utilizar palabras. El cuerpo entero es una expresión completa y total del lenguaje.

Mensaje: El mensaje es una Totalidad. Es el conjunto de las comunicaciones de cualquier tipo. Es la multiplicación o función que rige cualquier interacción entre 2 o más individuos.

Intención; Es el sentido, la intención significativa detrás de las interacciones que tienen como objetivo tener el pensamiento, la atención o la voluntad concentrada en algo o en algún fin o propósito. La intención es lo que uno pretende hacer, su objetivo, meta, finalidad y propósito.

Contenido; Los temas o la materia de la sustancia principal, como la materia escrita, las ilustraciones o la música. Una parte, elemento o complejo de partes.

Contexto; Es el marco en el que algo tiene sentido, el antecedente y el marco de referencias. Condiciones interrelacionadas en las que algo existe o se produce.

Como seres humanos, la información nos llega a través de nuestros sentidos humanos. Los sentidos humanos son la forma en que experimentamos nuestras vidas. A partir de nuestra experiencia consciente a través de nuestros sentidos humanos, creamos modelos de nuestro mundo. Estos modelos se convierten en nuestros pensamientos, sentimientos, comportamientos, creencias, valores, estilos de vida y circunstancias.

Hay dos sistemas básicos de cambio que podemos hacer:

El cambio incremental; consiste en hacer pequeños cambios en diferentes comportamientos o sistemas humanos. Estos cambios incrementales pueden ser interminables.

Cambio incremental:

1. Patrones de éxito que exploran las posibilidades de los patrones o sistemas para el cambio. Exploración para encontrar patrones de éxito.

2. Ampliar y mejorar los patrones y sistemas para el cambio. Repetir el patrón una y otra vez.

3. El sistema alcanzó su potencial y también muestra que tiene problemas incorporados y no está abierto a nueva información, datos o retroalimentación.

Cambio transformador; es imprevisible sobre la forma en que el sistema será con el cambio transformador. Es un cambio a nivel de identidad.

Cambio transformador:

1. Patrones de éxito que exploran las posibilidades de los patrones o sistemas para el cambio.

2. Ampliar y mejorar los patrones y sistemas para el cambio. Esto suele ser un proceso de repeticiones de los patrones de éxito o sistemas para el cambio.

3. Los patrones de éxito consideran las anomalías (problemas incorporados al sistema de éxito desde el principio. Se trata de tomar nueva información, datos y retroalimentación para el cambio). Aquí es donde los patrones o sistemas de éxito originales están teniendo en cuenta las anomalías ahora evidentes desde el primer paso del cambio de patrones. Abrirse a la retroalimentación, a los nuevos datos, a la nueva información y al conocimiento. Abordar las anomalías, crear un nuevo patrón de éxito que aborde las anomalías y pasar al paso 2 de nuevo. Repita, repita, repita el patrón.

Indefenso, sin esperanza, sin valor, son palabras clave que el individuo ya no está viviendo en su propio espacio, entorno o en sí mismo. Hay demasiada basura en él para vivir allí. Cuanto más nos acercamos a la estructura, (espacio, entorno, yo) más efectivos somos. Cuanto más nos alejamos, negamos, rechazamos y reprimimos, más abstractos nos volvemos, menos eficaces. Por lo tanto, limitarse a pensar o hablar sobre un problema no sirve de nada. Debemos tratar el modelo o las estructuras del problema y así seremos más eficaces. Limpiar la basura de nuestro interior nos libera de los sentimientos de desesperanza e impotencia. La basura que llevamos dentro no siempre es nuestra propia basura. A muchos se les enseña a llevar la basura de otras personas y pretenden o se convencen de que es suya. Nadie está libre de tener nuestros propios problemas o basura, todos tenemos cosas de las que nos arrepentimos al pensar, sentir o hacer. La comunicación con nuestro ser interior nos ayudará a despejar estos problemas.

Los seres humanos, como individuos, han sido creados para auto-organizarse, para tener unidad, correspondencia, similitudes y desviaciones en su interior. Cuando estos no se escuchan y responden entre sí, se produce un deterioro. Esto ocurre tanto a nivel individual como en las familias, las comunidades, los países y el mundo.

Una vez que el sistema está en deterioro, pasa rápidamente al caos (desorden). En física, el caos es una forma de desorden discontinuo y no lineal, pero no un desorden y una degeneración totalmente aleatorios.

Estabilidad (orden) Caos (desorden) Aleatoriedad (desorden total) Entre la estabilidad y el caos así como la aleatoriedad y el caos se encuentra lo que se conoce como estados alejados del equilibrio. Estos estados aceleran la eliminación de las limitaciones impuestas al sistema. Desde este punto de vista, el desorden puede verse como la forma que tiene la naturaleza de conseguir el éxito.

La estabilidad es disfuncional e indica un sistema cerrado. Estabilidad aquí, significa que no hay "cambio" hasta el punto de que cuando el cambio comienza a desarrollarse entonces los viejos patrones y programas para restaurar cualquier cambio de vuelta a la condición original aparecerán de nuevo en aras de la estabilidad. Esto ocurre para asegurar que hay cero consistencias en nuestra capacidad de cambio. Ya sea que se trate de superar una enfermedad física o un problema mental o emocional, la estabilidad para mantener los problemas a toda costa. Desarrollar comportamientos y actitudes para reforzar el apoyo a los valores que realmente sabemos que no son ciertos en nosotros.

El Estado de Equilibrio Lejano (EEL) es parte de las fuerzas naturales que entran en juego para eliminar estas limitaciones de la visión de uno mismo. Aspectos de nosotros mismos que hemos aprendido a negar a lo largo de nuestra experiencia de vida. Fortalezas que en realidad poseemos pero que nos han convencido y nos hemos convencido de que no son ciertas en nosotros. Nunca se podrá eludir las propias capacidades. La felicidad y la alegría nunca se combinarán con el rechazo a reconocer las fortalezas que tenemos en nuestro interior. Cada uno de nosotros tiene un Yo Verdadero, este Yo Verdadero, es nuestro espíritu, nuestro espíritu es la razón por la que nuestro cuerpo físico sigue viviendo. Quita nuestro espíritu de nuestro cuerpo y el cuerpo muere. Niega la fuerza y el conocimiento que ya está en nuestro espíritu e incluso nuestro cuerpo luchará para que admitamos nuestro Verdadero Ser y sus fuerzas.

Este EEL es una Totalidad y consta de tres Elementos separados: Estabilidad, Caos, Aleatoriedad (desorden completo).

La Totalidad del EEL y sus elementos indicarán el grado de limitaciones de la visión del Yo.

La visión del Yo naturalmente simpatiza y consiente prácticas y creencias (para el sí mismo) que son diferentes o están en conflicto con el verdadero Yo, el yo espiritual. En otras palabras, el potencial no disponible dentro de la totalidad del verdadero Yo, nuestras fortalezas y el conocimiento con el que vinimos a esta vida. En otras palabras, las debilidades que decimos tener y que tienen el potencial de convertirse en nuestras fortalezas.

El propósito del EEL es llevar la visión del mundo al estado de aleatoriedad o desorden completo, en este estado el sistema cerrado estalla. La visión del Yo se convierte en la visión del mundo y finalmente percibimos el Yo como la visión que el mundo que ha estado tratando de hacernos ver. Esta es una función de desintoxicación en el sistema humano para alguien adicto a las sustancias. Esta es la física detrás de su cambio en el comportamiento personal, muchos de sus patrones disfuncionales parecen desaparecer después de completar el proceso de desintoxicación. La visión del mundo se vuelve muy diferente y las limitaciones de la visión del Yo se eliminan temporalmente.

Hay numerosos ejemplos sobre la aplicación del principio de la física entre la visión del mundo de una persona y sus programas disfuncionales.

La creación del estado de equilibrio lejano para un sistema cerrado acelera la eliminación de las limitaciones de la auto visión.

Esto significa que la visión del mundo debe dar al sistema cerrado datos e información para llevar la visión del yo a un estado de completo desorden. En este estado de completo desorden, el verdadero ser no puede ser negado.

Hemos identificado siete sentidos humanos y se rumorea que la NASA ha identificado 22 sentidos humanos en total. Sabemos que cada sentido puede hacer cada uno de los otros siete sentidos.

Chi (ki);

1. Matriz de sistemas corporales

2. Integración de creencias

3. Sistemas adictivos

La matriz de sistemas corporales es la forma en que funciona nuestro cuerpo. Nuestros sentidos, consciente, subconsciente, meta-programas, órganos, sistemas son la matriz de los sistemas del cuerpo.

Conocer nuestro Ser, es literalmente conocer las funciones y procesos de nuestro cuerpo, las formas en que somos como individuos. El simple hecho de conocer estas funciones y procesos nos ayuda a cambiar.

Sistema nervioso; Sistema respiratorio y visual; Sistema circulatorio y auditivo; Sistema muscular y esquelético; Sistema energético.

Sistema músculo-esquelético; Energético/Intuitivo Sistema reproductivo; Olfativo

Sistema digestivo; Gustativo

Los modelos, procesos y creencias se elaboran a partir de la matriz de los sistemas corporales. Son la base de la realidad de cada persona. Cambiar una creencia cambia nuestra realidad.

Para alcanzar un estado de plenitud o salud, el individuo, la familia y la sociedad deben pasar por la estancia intensa para llegar a la salud y la plenitud. Una vez en el estado de salud o plenitud, aparecen las anomalías naturales y de nuevo pasamos por otro estado agudo para lidiar con el estado crónico (anomalías) para así volver a tener salud y plenitud. Repetir, repetir, repetir. No hay cura para los problemas de la vida, ya sean individuales o globales. Sin embargo, hay procesos naturales, construidos en cada individuo humano para el crecimiento debido a los problemas de la vida. Ya sea que pertenezcan a nosotros como individuos o al mundo. Funciones corporales naturales, procesos internos y modelos de superación y crecimiento.

Cambiar a un estado de Plenitud no impide que el individuo pueda experimentar o hacer lo negativo, sino que le permite elegir hacer lo negativo o elegir no hacerlo. Para elegir no hacer una cosa, debe haber algo positivo que elegir hacer. La elección es el propósito final, no el control.

Cada sistema del cuerpo está destinado a ser un "Sistema Abierto" y parte del sistema completo ("Integridad"), que es el sistema completo (" Totalidad"), cuando todos los sistemas están "Abiertos" y "Correspondientes" juntos tenemos el sistema "Completo" ("Identidad"). Cuando cualquier sistema está cerrado, en cualquier área, otro sistema del cuerpo se ve abatido por el sistema cerrado. Este es el intento del sistema corporal de recuperar la "Integridad". Cuando el sistema se hunde en otro sistema, se pierde la "Identidad". Nuestro enemigo interno es nuestro yo desplomándose para abrir nuestro sistema. Esto se convierte entonces en el proceso adictivo, "Sistema cerrado". Cuando cae en picado. Cae en picado hacia el sistema corporal "correspondiente" como se ilustra en el mapa corporal. El "Sistema Cerrado" también puede ser identificado con la lingüística, por la(s) palabra(s) utilizada(s) para describir el problema que usted u otro individuo tiene. La(s) palabra(s) correspondiente(s) a cualquiera de los sistemas sensoriales, sus procesos y modelos identificarán el sistema corporal cerrado.

La infranqueabilidad tiene que ver con las elecciones, la elección es un síndrome de salto cuántico. Estar dispuesto a dejar ir para ser uno con uno mismo y con Dios y avanzar hacia las metas, nutrir a uno mismo cuando los otros no están dispuestos a elegir ir con uno, ellos eligen quedarse.

Mente, Cuerpo y Emociones (espíritu) tienen dos saltos cuánticos cada uno. Lo correcto y lo incorrecto

Dios y el Ser

La vida y la muerte.

La elección de los tres primeros implica la elección de los tres últimos saltos. La resistencia se produce cuando los cambios cuánticos asociados (resto del conjunto) no son puenteables. Cuando todos los estados cuánticos se vuelven puenteables, los saltos cuánticos se disuelven y se produce la Conciencia de la Unidad. El séptimo sentido, el Ser y el Tiempo, el Gran YO SOY.

Los saltos cuánticos también se aplican entre la tercera y la cuarta activación sensorial cuando se activan los detalles sobre las formas de tratar las anomalías que aparecen en el tercer sentido y poder continuar con el proceso de cambio transformativo. El proceso de cambio transformativo evita que los sentidos se cierren y hace que la identidad siga creciendo y progresando con éxito.

Conózcase A Sí Mismo Entonces

Sane Su Ser

Este proceso debe ocurrir antes de que podamos realmente conocer a los demás y luego sanar a los demás. Como dijo Jesús, primero debemos sacar la paja de nuestro propio ojo antes de poder sacarla del ojo de otro.

Una excelente manera de conocerse verdaderamente a sí mismo es conocer su interior, su subconsciente. Si sólo se conoce conscientemente, y aun así no puede superar o alcanzar lo que su consciente conoce, llegue entonces a conocer su yo subconsciente y entonces podrá superar mejor sus problemas conscientemente y podrá alcanzar conscientemente sus objetivos conscientes. El consciente puede anular al subconsciente. Primero el consciente debe conocer los programas del subconsciente que están ejecutándose.

CAPÍTULO 9

UN EQUIPO CON POSIBILIDADES ILIMITADAS

En el Principio Existía la Palabra.

Un equipo de posibilidades ilimitadas, de las cuales usted es una.

¿Existen todas las realidades simultáneamente? ¿Existe la posibilidad de que todos los potenciales coexistan? ¿Se ha visto alguna vez a sí mismo a través de los ojos de otra persona en la que se ha convertido? ¿Se ha mirado a sí mismo a través de los ojos del Observador Definitivo? ¿Quiénes somos, de dónde venimos y a dónde vamos? ¿Por qué estamos aquí? Esa es la pregunta definitiva, ¿no? ¿Qué es la realidad? Lo que creía que era irreal ahora me parece, en cierto modo, más real que lo que creía que era real. Que ahora parece más irreal. No se puede explicar y cualquiera que intente explicarlo se perderá.

Creo que cuanto más se analiza la Física Cuántica, más misteriosa y maravillosa se vuelve.

La Física Cuántica, científicamente hablando, es una física de posibilidades.

Hay preguntas. Se trata de preguntas sobre cómo se siente el mundo, sobre si hay una diferencia entre lo que nos parece el mundo y lo que realmente es.

¿Alguna vez ha pensado de qué están hechos los pensamientos?

Creo que algunas de las cosas que estamos viendo con los niños hoy en día es una señal de que la cultura está en el paradigma equivocado y no aprecia el poder del pensamiento.

Cada edad y cada generación tiene sus suposiciones: Que el mundo es plano, o que el mundo es redondo. Hay cientos de suposiciones ocultas en cosas que damos por sentadas y que pueden o no ser ciertas. Por supuesto, en la gran mayoría de los casos, históricamente, no son ciertas. Así que, presumiblemente la historia es una guía, mucho de lo que damos por sentado sobre el mundo simplemente no es cierto. Pero a menudo estamos encerrados en estos principios sin siquiera saberlo. Eso es un paradigma.

El materialismo moderno despoja a la gente de la necesidad de sentir responsabilidad y a menudo también lo hace la religión. Pero creo que si se toma la mecánica cuántica lo suficientemente bien, entonces hace que la responsabilidad recaiga directamente sobre usted. No da respuestas claras y reconfortantes.

Te dice que sí, que el mundo es un lugar muy grande, que es muy misterioso. No voy a decirle cuál es la respuesta porque usted es lo suficientemente mayor para decidirlo por sí mismo. Sólo estoy compartiendo contigo algunos de mis conocimientos sobre el cerebro humano, la física cuántica y la Teoría de la Transformación Humana Holográfica.

¿Es todo el mundo un misterio? ¿Es todo el mundo un enigma? Ciertamente lo es.

Hacerse estas preguntas profundas abre nuevas formas de estar en el mundo, trae un soplo de aire fresco. Hace que sea más alegre. El verdadero truco de la vida no es estar en el conocimiento, sino en el misterio.

¿Por qué seguimos creando la misma realidad? ¿Por qué seguimos teniendo las mismas relaciones? ¿Por qué seguimos teniendo el mismo trabajo una y otra vez con los mismos resultados? En este mar infinito de posibilidades que existen a nuestro alrededor, ¿Cómo es que seguimos recreando las mismas realidades? ¿No es increíble que tengamos opciones y potenciales que existen pero no somos conscientes de ellos? ¿Es posible que estemos tan condicionados a nuestro día a día, tan condicionados a la forma de crear nuestras vidas, que nos hemos creído la idea de que no tenemos ningún control? Hemos sido condicionados a creer que el mundo externo es más real que el mundo interno. El modelo físico de la ciencia dice justo lo contrario, dice que lo que ocurre en nuestro interior creará lo que ocurre fuera de nosotros.

Hay una realidad física que es absolutamente sólida como una roca y, sin embargo, sólo llega a existir cuando choca con alguna otra pieza de la realidad física. Esa otra pieza podemos ser nosotros y, por supuesto, somos parciales en esos momentos, pero tampoco tiene por qué serlo. Podría ser simplemente una roca involuntaria que viene volando e interactúa con esta masa de cosas y, por supuesto, la provoca en un estado particular de existencia.

Había filosofías en el pasado que decían: "Mira, si pateo una roca y grito, mi dedo del pie". Siento eso, se siente real, es vívido. Y eso significa que es la realidad. Pero sigue siendo una experiencia y sigue siendo la percepción de esta persona de que es real.

Los experimentos científicos han demostrado que si tomamos a una persona y conectamos su cerebro a una determinada máquina de identificación personal, escaneamos y la tecnología informática lo revela. Luego, se les pide que miren un determinado objeto y se observan ciertas áreas del cerebro que se iluminan. Luego les piden que cierren los ojos y ahora imaginen el mismo objeto. Cuando se imaginan el mismo objeto, se iluminan las mismas zonas del cerebro.

Esto hizo que los científicos retrocedieran y se hicieran esta pregunta. Entonces, ¿quién ve? ¿Ve el cerebro o ven los ojos? ¿Y qué es la realidad? ¿La realidad es lo que vemos con el cerebro o lo que vemos con los ojos? Y la verdad es que el cerebro no conoce la diferencia entre lo que vemos en el entorno y lo que recuerda porque entonces se activan las mismas redes neuronales específicas. Entonces, hay que preguntarse qué es la realidad.

Estamos bombardeados por grandes cantidades de información que entra en nuestro cuerpo y la procesamos a través de nuestros órganos sensoriales y se filtra hacia arriba y en cada paso eliminamos información, la amplificamos y la generalizamos. Finalmente, lo que sube a la conciencia es lo que más nos sirve. El cerebro procesa 400.000 millones de bits de información por segundo, pero sólo somos conscientes de 2000 de esos bits. Nuestra conciencia de esos 2.000 bits de información sólo tiene que ver con el entorno, con nuestro cuerpo y con el tiempo.

Vivimos en un mundo en el que todo lo que vemos es la punta del iceberg, la punta clásica de un inmenso iceberg mecánico cuántico.

Si el cerebro está procesando 400.000 millones de bits de información y nuestra conciencia sólo recibe 2.000, eso significa que la realidad ocurre en el cerebro todo el tiempo. Está recibiendo esa información, pero no la hemos integrado.

Los ojos son como la lente. Pero la cinta que realmente ve es la parte posterior del cerebro. Se llama la corteza visual. Es como una cámara y su cinta. ¿Sabía que el cerebro computa lo que tiene la capacidad de ver? Una cámara está viendo mucho más alrededor de lo que está aquí porque no tiene ninguna objeción y ningún juicio, la única película que se reproduce en el cerebro es lo que tenemos la capacidad de ver. Entonces, ¿es posible que nuestros ojos, nuestra cámara, vean más de lo que nuestro cerebro tiene la capacidad de proyectar conscientemente?

Tal y como está conectado nuestro cerebro, sólo vemos lo que creemos que es posible. Comparamos patrones que ya existen en nosotros mismos a través del condicionamiento.

Una historia que creo que es cierta es que cuando los indios nativos americanos de las islas del Caribe vieron acercarse el barco de Colón, no pudieron verlos en absoluto. Como era tan diferente a todo lo que habían visto antes, no podían verlo.

Cuando Colón desembarcó en las costas del Caribe, los nativos pudieron ver los barcos aunque existían antes en el horizonte.

La razón por la que nunca vieron el barco fue porque no tenían conocimiento en sus cerebros ni experiencia de que los barcos clíperes existían. Entonces, el chamán empieza a notar ondas en el océano, pero no ve ningún barco, pero empieza a preguntarse qué causa ese efecto. Entonces, todos los días sale a mirar y mirar y después de un tiempo, es capaz de ver los barcos. Una vez que ve los barcos, le dice a todo el mundo que los barcos existen ahí fuera. Como todos creen en él, también los ven.

Creamos la realidad. Somos máquinas productoras de realidad. Creamos los efectos de la realidad todo el tiempo. Siempre percibimos algo tras el reflejo en el espejo del sentido.

En cuanto a la holocubierta o no, es una pregunta para la que todavía no tenemos una buena respuesta. Creo que es una gran cuestión filosófica con la que tenemos que lidiar en términos de lo que la ciencia puede decir sobre nuestro mundo, porque siempre somos el observador en la ciencia. Por lo tanto, siempre estamos controlados por lo que, en última instancia, llega al cerebro humano que nos permite ver y percibir las cosas que hacemos. Por lo tanto, es concebible que toda esta realidad sea sólo una gran ilusión, de la que no tenemos forma de salir para ver lo que realmente hay ahí fuera.

El cerebro no conoce la diferencia entre lo que ocurre ahí fuera y lo que ocurre en él.

No hay "ahí fuera", "ahí fuera" depende de lo que ocurre aquí (nuestro cerebro).

En realidad, hay opciones en la dirección de cómo puede ir una vida, que dependen de que los efectos cuánticos de los pequeños niveles no sean eliminados.

Vamos a hablar del mundo subatómico y luego hablaremos de lo que nos dice sobre la realidad. El mundo subatómico es totalmente una fantasía creada por físicos locos que tratan de averiguar qué diablos está pasando cuando hacen estos pequeños experimentos. Por pequeños experimentos, me refiero a gran energía en poco espacio, en pequeños trozos de tiempo. La cosa se pone bastante turbia en ese campo y por eso se inventó la física subatómica para tratar de entender todo eso. Necesitamos una nueva ciencia ahí abajo y se llama física cuántica y está sujeta a toda una serie de hipótesis, pensamientos, sentimientos e intuiciones discutibles sobre lo que realmente está pasando. La materia no es lo que hemos pensado que es durante mucho tiempo. Para los científicos, la materia siempre ha sido considerada como una especie de última instancia de lo que es estático y predecible. Dentro de todos los átomos y moléculas, todo el espacio dentro de ellos, las partículas ocupan una cantidad insignificante del volumen de un átomo o molécula, las partículas fundamentales. El resto es el vacío.

Lo que parece ocurrir es que las partículas aparecen y desaparecen todo el tiempo. Entonces, ¿a dónde van cuando no están aquí? ¿Van a un universo alternativo donde la gente de ese universo se hace las mismas preguntas, sobre esas partículas cuando entran en nuestro universo? Dicen: "¿A dónde van?" Hay un gran misterio llamado el misterio de la dirección del tiempo. Hay un cierto sentido en el que las leyes fundamentales de la física que tenemos no hacen ninguna distinción interesante, entre el pasado y el futuro. Por ejemplo, es un rompecabezas desde el punto de vista de las leyes fundamentales de la física por qué deberíamos ser capaces de recordar el pasado y no tener el mismo tipo de acceso a la existencia del futuro. Es un rompecabezas desde el punto de vista de estas leyes por qué deberíamos pensar algo así como que actuando ahora podemos afectar al futuro pero no al pasado. Estas cosas que tienen un tipo diferente de acceso a la existencia del pasado y el futuro y que tenemos un tipo diferente de control al actuar ahora sobre el futuro de lo que hacemos sobre el pasado, estas cosas son tan fundamentales para la forma en que experimentamos el mundo.

La inteligencia no son las cosas que conocemos.

La inteligencia es la forma que tenemos de conocer las cosas.

Se sabe que muchos a los que el hombre llama genios tenían una gran o alocada imaginación. Platón, Aristóteles, Einstein y muchos otros. Se puede percibir que los profetas de la antigüedad tenían una gran imaginación.

Hablando con Dios y los ángeles, teniendo visiones, sueños, viendo el futuro.

La inteligencia y la imaginación van de la mano. Algunos pueden decir: "No imagino", otros pueden decir: "No puedo imaginar". Y otros pueden decir o pensar: "No soy inteligente y no puedo imaginar".

El verdadero "ojo" es el "yo", en la Identidad. Dendra se crea para cada otra "Identidad" que se tenga. La creación de la emoción es lo más importante a entender. La identidad es la igualdad de carácter esencial o genérico en diferentes instancias, la igualdad en todo lo que constituye la realidad objetiva de una cosa. Se considera que son las características distintivas de un individuo. Se considera que la individualidad es la relación que establece la identificación psicológica sobre uno mismo.

Esta "relación" en la Identidad es personal e individualista, cada ser humano tiene una "relación" diferente establecida por la identificación psicológica de sí mismo. Esta "Identidad" acaba estableciendo la forma en que nos percibimos a nosotros mismos y muchas veces limita nuestra capacidad de crecer, desarrollarnos y llegar a ser más.

El "ojo", que es una estructura sensorial sensible a la luz, es el órgano formador de imágenes vinculadas a la vista, lleno de una sustancia gelatinosa y revestido de una retina fotosensible. El ojo es la facultad de ver con la percepción o apreciación intelectual o estética.

Todo lo que el ojo puede "ver" es lo que ya forma parte de su Identidad. No puede ver lo que no tiene la Dendra para ver. No puede "ver" lo que no tiene ya una "relación" sobre usted mismo para "Identificar" dentro o sobre usted

La emoción se crea desde la parte límbica de nuestro cerebro a partir de una combinación de sustancias químicas, resultado del aspecto afectivo de la conciencia: El sentimiento. El sentimiento es una reacción mental consciente, como la ira o el miedo, que se experimenta fuertemente y suele dirigirse a un objeto específico y que suele ir acompañado de cambios psicológicos y de comportamiento en el cuerpo. Las emociones son estados mentales que implican cosas como el placer y el desagrado más que el contenido intelectual. Esta "combinación química" se convierte en nuestra "Identidad", nuestra "Individualidad", nuestro "Intelecto", "Percepción" y "Apreciación".

La dendrita es el proceso protoplásmico ramificado que conduce los impulsos hacia el cuerpo de una neurona, la dendra es la combinación química.

El Sistema Límbico es un grupo de estructuras subcorticales del cerebro que se encargan de las emociones y la motivación. (Consiste en: el hipotálamo, el hipocampo y la amígdala). Es una parte del sistema nervioso central.

Cuando un pensamiento tiene una sustancia química combinada con él, la sustancia química representa la emoción con el pensamiento, la onda de pensamiento es una frecuencia más fuerte y realmente imprime en las células la frecuencia de la onda de pensamiento. Este proceso hace que el pensamiento sea más poderoso. El pensamiento por sí solo es una onda de mayor frecuencia que las ondas de radio, de teléfono celular o de satélite. Y el hecho de que la sustancia química añadida al pensamiento lo haga más potente e incluso provoque una huella en la célula nos da una idea del poder de nuestras emociones.

La codependencia es una condición psicológica o una relación en la que una persona es controlada o manipulada por otra que está unida con una condición patológica (como una adicción al alcohol o a la heroína), en resumen, la dependencia de las necesidades o el control por parte de otro. La codependencia está llena de culpa. La culpa está llena de sentimiento de remordimiento, de culpabilidad, de fracaso, de un sentimiento de responsabilidad por un mal.

Somos seres humanos y lo único malo de esto es que debemos superar nuestro ser humano para llegar a ser incluso lo que somos capaces de ser, aquí y ahora.

Si tuviéramos el control consciente de todo nuestro ser, no tendríamos miedo de los aspectos de la vida que no valen la pena. Elegiríamos tener fortalezas de carácter que nos ayudaran a lidiar con los desafíos de nuestra vida cuando nos enfrentemos a ellos.

Culparnos a nosotros mismos por los problemas de los demás o culpar a los demás por nuestros problemas no sería nuestra elección de atributo.

Teniendo en cuenta la cantidad ilimitada de datos en nuestro subconsciente y la ínfima cantidad de esos datos que llegan al consciente. El consciente procesa los datos en micro-segundos y de repente, está nuestra identidad, personalidad, creencias, emociones y comportamientos. Todos los programas que todo este tiempo nos referimos como el yo parece estar a cargo de nuestro pasado, presente y nuestro futuro.

El consciente ya tiene el control de nuestro ser, incluso sobre el subconsciente. Aprenda las formas en que el consciente y el subconsciente trabajan. Tome las riendas de su ser. Lea y relea este libro. Adquiera el conocimiento de la forma en que funciona su cerebro y obtenga una sabiduría ilimitada de su ser, aprenda a curarse a sí mismo y aprenda a curar a los demás.

Me gustaría ofrecer mi gratitud y agradecimiento a Linda J. Dimmick por todo su apoyo, paciencia y ayuda para poder escribir y elaborar este libro.

Linda es una mujer muy singular e inteligente con la capacidad de ver la diferencia en cualquier persona o situación. Desde que la conocí, hemos incorporado las Medidas de Afecto Teóricamente Relativas (MATR). Linda ha ayudado a otros a ver más allá de sus visiones estándar. Cualquiera que conozca a Linda, la conoce por su dedicación y amor como el de Cristo.

Linda ha ayudado a editar y corregir mis libros. Ella ha enseñado y ayudado a otros a entender los conceptos. Con su título de médico ha mostrado la correlación de esta información y la medicina. Tiene años de experiencia en medicina natural y herbolaria.

Linda ha sido un gran apoyo en toda mi investigación y trabajo. No estoy seguro de dónde estaría hoy si no fuera por ella.

Gracias, Linda,
De todo corazón,
Janey Marvin

Linda Dimmick es fundadora de Measures of Affect, un centro de tratamiento de drogas y alcohol que opera desde 1993 en Utah. Ella recibió su RN. en 1991 y ha dedicado su carrera a la salud mental y el tratamiento de abuso de sustancias. La experiencia y educación de Linda también incluye la Herbología, la Teoría Humana Holográfica y la P.L.N. Con más de 24 años de experiencia, su conocimiento es respetado.

Para información sobre otros libros, materiales, conferencias, formaciones o el boletín informativo, contacta con Janey Marvin en thejaneymarvin@gmail.com

Acerca del Autor

Janey es un individuo de carácter visual, puede "Ver", lo que se dice, toma las palabras literalmente, figurativamente, y luego simbólicamente. Esta forma de entender las palabras le ha dado la ventaja de percibir, evaluar, juzgar y decidir desde una variedad de ángulos. Sus libros le ayudan a percibir lo que tratan, le muestra cómo aplicar los conocimientos que comparte.

www.ingramcontent.com/pod-product-compliance
Lightning Source LLC
LaVergne TN
LVHW011709060526
838200LV00051B/2818